該圖片由作者於波蘭華沙霓虹燈博物館 (Neon Museum) 拍攝

個人旅行主張

有人在旅行中享受人生，
有人在進修中順便旅行。
有人隻身前往去認識更多的朋友，
有人跟團出國然後脫隊尋找個人的路線。
有人堅持不重複去玩過的地點，
有人每次出國都去同一個地方。
有人出發前計畫周詳，
有人是去了再說。
這就是面貌多樣的個人旅行。

不論你的選擇是什麼，
一本豐富而實用的旅遊隨身書，
可以讓你的夢想實現，
讓你的度假或出走留下飽滿的回憶。

有行動力的旅行，從太雅出版社開始。

柏林
附:柏林近郊與波茨坦市區

作者◎時小梅

太雅出版社

目錄

作 者 序

「生活在柏林」與「在柏林旅遊」

柏林是一個值得花時間深入遊玩的城市,若沒有柏林人帶路,至少也要帶著一本旅遊書來到這裡。

幾年前,我在萬湖碼頭排隊準備搭船至克拉多時,認識了在柏林居住了幾十年 Juliane。由於我們都是喜歡趴趴走的個性,於是我決定暫時拋下德語語言學習書,和她利用了一整個暑假,走訪了許多柏林及波茨坦邊界附近的景點。因為她,我看見了柏林的另一面,從市區的高樓大廈到郊區的大自然,從國際都會到當地人的生活態度,從語言層面深入到歷史文化層面。

「生活在柏林」和「在柏林旅遊」所看到層面以及所經歷的絕對不一樣。「生活在柏林」,需要的是地去習慣這個城市的腳步,慢慢的累積對當地的認識;而「在柏林旅遊」是在有限的時間內,選擇自己有興趣或是最受推薦的景點及街區去走。同時在緊湊的行程中,又要有機會可以放鬆、感受柏林的歷史、文化的洗禮。當然,本書也適合預計在柏林生活、唸書的讀者。希望透過本書,使得在柏林的日子更加的有趣又有深度。

本書的寫作,除了參考了許多德文的柏林旅遊書之外,同時也結合我在柏林的生活經驗,希望能夠提供讀者豐富多元及完整有架構的柏林旅遊資訊。

最後,要感謝我的姐姐們(Moon、Star、Mama)、Frank Huang以及Doris Wu,還有在台灣及德國好友們(Lynn、Nenya、Jenny、Juliane、Raphaël Fendrich、Marie Christine Gay、Adrien Barbaresi、Erica)。最後也要謝謝太雅出版社的張主任、孟儒、編輯湘惟及美編。特別感謝Raphael Fendrich 協助全書德文之校對。

關於作者 ｜ 時小梅

本名:邱玉萍。輔仁大學哲學系、經濟系雙主修學士。曾任職於天下文化93巷人文空間、誠品書店、Discovery及國家地理頻道專賣店,以及ILTEA教育集團。現居海德堡。天下雜誌換日線專欄〈小梅的閒暇時間〉作者。著有《開始在德國自助旅行》(共同作者)。

在德國曾居住於柏林、弗萊堡、萊比錫、慕尼黑,至今已走訪德國將近30個城市。自助旅行的國家:中國、蒙古、俄羅斯(西伯利亞鐵路)、芬蘭、瑞典、丹麥、愛沙尼亞、拉脫維亞、立陶宛、波蘭、捷克等。

來自編輯室

使用上要注意的事

出發前，請記得利用書上提供的Data再一次確認

　　每一個城市都是有生命的，會隨著時間不斷成長，「改變」於是成為不可避免的常態，雖然本書的作者與編輯已經盡力，讓書中呈現最新最完整的資訊，但是，我們仍要提醒本書的讀者，必要的時候，請多利用書中的電話，再次確認相關訊息。

資訊不代表對服務品質的背書

　　本書作者所提供的飯店、餐廳、商店等等資訊，是作者個人經歷或採訪獲得的資訊，本書作者盡力介紹有特色與價值的旅遊資訊，但是過去有讀者因為店家或機構服務態度不佳，而產生對作者的誤解。敝社申明，「服務」是一種「人為」，作者無法為所有服務生或任何機構的職員背書他們的品行，甚或是費用與服務內容也會隨時間調動，所以，因時因地因人，可能會與作者的體會不同，這也是旅行的特質。

新版與舊版

　　太雅旅遊書中銷售穩定的書籍，會不斷再版，並利用再版時做修訂。通常修訂時，還會新增餐廳、店家，重新製作專題，所以舊版的經典之作，可能會縮小版面，或是僅以情報簡短附錄。不論我們作何改變，一定考量讀者的利益。

票價震盪現象

　　越受歡迎的觀光城市，參觀門票和交通票券的價格，越容易調漲，但是調幅不大(例如倫敦)，若到現場後出現跟書中的價格有微小差距，請以平常心接受。

謝謝眾多讀者的來信

　　過去太雅旅遊書，透過非常多讀者的來信，得知更多的資訊，甚至幫忙修訂，非常感謝你們幫忙的熱心與愛好旅遊的熱情。歡迎讀者將你所知道的變動後訊息，善用我們提供的「線上讀者情報上傳表單」或是直接寫信來taiya@morningstar.com.tw，讓華文旅遊者在世界各地成為彼此的幫助。

太雅旅行作家俱樂部

如何使用本書

本書精采單元：風情掠影、行程規畫、熱門景點、逛街購物、美食餐廳、住宿情報、近郊小旅行、旅遊黃頁簿以及各區專題報導。多元豐沛的資訊，兼具廣度與深度，一網打盡個人旅行所需。

【風情掠影】

將柏林的歷史、生活與文化一次盡收眼底。身為創意之都的柏林，將街頭藝術發揮得淋漓盡致；介紹當地人經常造訪的公園及市集，帶你體驗最道地的柏林風情；觀光客最想知道的購物、美食及節慶資訊，也在本章一次彙整告訴你。

【行程規畫】

提供以天數與主題旅遊為主的行程規畫，讓你的旅行有不同的組合可以搭配。本書提供3、5、9日遊行程，另提供二戰歷史主題之旅，讓你的旅程兼具深度與廣度。

【熱門景點】

柏林的景點包羅萬象，二戰景點、世界遺產、博物館、美術館、建築物、宮殿等，提供最周全的景點介紹，一一詳細帶領讀者認識其中的魅力，並附上交通方式、開放時間等資訊。讀者可清楚知道該怎麼去、怎麼玩。

【美食餐廳】

分區介紹當地特色餐廳，除了水煮豬腳、柯尼斯堡丸子和柏林豬肉餅等道地菜肴餐廳外，還有當地人經常造訪的柏林老字號啤酒花園及酒吧；亞洲及異國料理餐廳亦依照地理位置收錄於各區中，方便旅人快速查詢。

【逛街購物】

分區介紹必逛必買的特色商品、應有盡有的百貨商場，還有別具特色的獨立小店。作者還告訴你哪裡可以買到正統柏林原汁原味的文創商品及紀念品。

【住宿情報】

提供不同價位等級的住宿情報，「豪華飯店」讓你有賓至如歸的享受；「公寓飯店」則是各有特色，適合團體旅客；「青年旅館」適合小資背包客結交世界各地的新朋友；「特色住宿」則是精緻充滿設計感，適合喜愛嘗鮮的旅客。

【深度特寫】

在每個分區景點之後，作者會選出某個值得深入介紹的事物，讓讀者不只是到此一遊，還能知道該地重要的歷史、典故，或是隱藏版的驚喜。

【旅行小抄】

　為讀者設身處地設想，提供實用小提示；或該頁景點額外延伸的順遊推薦資訊。

【玩家交流】

　作者個人經驗分享，提醒讀者要留意的細節、獨特的美感體驗等。

【知識充電站】

　旅行中必知的小常識或延伸閱讀。

【郊區導覽】

　本書提供位於柏林近郊，可以簡單完成一日遊的城市，「特列普托－科本尼克區」、「萬湖」以及「斯潘道」。另外提供特輯波茨坦市，認識「波茨坦暨柏林的宮殿及公園」的UNESCO世界文化遺產項目，讓你的旅行更為豐富充實。

【旅遊黃頁簿】

　出發前勤做功課，是個人旅行的不二法門。本書企劃前往與抵達、機場與交通、柏林生活、藝文活動快報等遊客行程所需，讓行程規畫得更為完整，有效提升行前規畫的準確度。

【分區地圖】

　每個分區都有附詳細的地圖提供讀者索引，羅列書中景點、購物店、餐廳、住宿，及柏林重要車站與地鐵站等位置，只要按圖索驥便能輕鬆找到目的地。

【資訊使用圖例】

✉ 地址	⁉ 注意事項
📞 電話	ℹ 資訊
🕐 時間	MAP 地圖位置
休 休息	http 網址
$ 價錢	@ Email
➡ 交通指引	f FB
⧗ 停留時間	

【地圖使用圖例】

📷 旅遊景點	✈ 機場	🏛 地標
🏛 博物館、美術館	M 電車站、地鐵站	✚ 醫院
⛪ 教堂	🚌 巴士、巴士站	P 停車場
⛩ 寺廟	🚆 火車站	加油站
◎ 世界遺產	⛴ 渡輪、碼頭	廁所
🛍 購物	🚠 纜車	電梯
🍴 餐廳	🚕 計程車	電扶梯
☕ 咖啡廳	🚲 自行車	樓梯
🍸 酒吧、夜店	♨ 溫泉	寄物處
🛏 住宿	按摩、SPA	♿ 無障礙設施
🎭 娛樂、劇院	🚶 步道	匯兌處
	🔥 露營區	ℹ 遊客中心
	🏖 泳池、海灘	

【柏林交通使用圖例】

DB 柏林國鐵　　**S** 通勤電車　　**U** 地鐵

9

看懂柏林標誌

在柏林旅行，最方便的方式就是搭乘大眾交通工具，班次密集的通勤電車、地鐵、巴士及街車，穿梭在大街小巷。對於當地人或是觀光客都是非常的方便，地鐵車廂內都會有柏林的交通網絡圖，或是巴士站牌都會有提供詳細的轉車資訊。到了目的地之後，可以先看車站內的當地觀光資訊看版，有時比Google Map來得方便許多。

想要在柏林各景點之間暢行無阻，首先要看清楚各個交通標誌，以下是旅行時可能會搭乘到交通工具之圖示。

Bahn	S	Tram	BUS	F
區域火車	通勤電車	街車	巴士	船運

區域火車(RE/RB)

車站

RE和RB都是區域火車的代號，在車次看版上以RE/RB加上車次顯示，代號同時也會寫在車頭或是車廂上

紅色車廂的區域火車(RE/RB)只停柏林市區內的大站，只在柏林市區旅行的話，搭乘區域火車機會較少

通勤電車(S-Bahn)

車站

看到綠底加上大大的S字母，就代表是通勤電車車站

交通網路圖

電車車廂內都會有完整的交通網絡圖

地鐵(U-Bahn)

地鐵站

字母U代表的即是柏林地鐵站

指示標誌

亞歷山大廣場站是大站，交會的地鐵路線多，圖中的U2、U5路線方向，需要先穿過U8的月台站，再跟著指標才會到U2或U5的月台

路線電子看板

只有新型的地鐵車廂內才會有電子看板顯示路線資訊，部份舊型車廂只以廣播的方式告知到站資訊

車次看板

月台上方著寫著路線目的地以及列車到站時間

路線圖

地鐵車站的路線轉車資訊都相當的詳細

巴士(Bus)

巴士路線代號

巴士站牌會有運行方向及行經站點資訊

11

路線代號	意義
只有數字	一般車，半夜 12 點之後停駛
M+ 數字	Metrolinie 大線，24 小時營運。路線長，行經站點多為大站
X+ 數字	Express 班次少，以大站與大站之間營運為主
N+ 數字	Nachtlinie 夜車，半夜 12 點後開始營運到清晨

路線圖

巴士時間數字的右上方有時會出現英文字母，需再看下方說明，有時是只到特定站點，或是特定節日才有的車次

上車後可以和司機購買車票，小額鈔票可以找零，買票時告知要去的站名或是要買的車票總類(單程或短程)都可

街車 Tram (Straßenbahn)

月台

街車的月台通常在馬路內線道(街車只有在柏林東區(前東柏林)才會有)

路線圖

站牌燈箱上，可以看到街車運行的完整路線圖

售票機

街車車廂內備有售票機可以買票

街上

出口看板

到了景點目的地，別忘了在月台或是地鐵站出口留意一下看板上的資訊

觀光景點資訊

參觀宮殿或是博物館，館外也都會有詳盡的資訊介紹

郵筒

寄明信片到台灣需要0.90的郵資。在黃色的Deutsche Post郵筒上，投入「Andere Postleitzahlen」(其它郵遞區號)的信箱即可

洗手間

柏林街上設有付費的公共廁所

景點指向標示

柏林街上藍色的路標，指示著觀光景點的方向以及距離

柏林
風情掠影

獨一無二的柏林

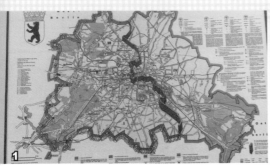

二戰後東西德及東西柏林的分裂及統一

在1945年二次世界大戰後，柏林就像整個德國的小縮影一樣，被劃分為俄、美、英、法4個占領區，其命運在接下來的半個世紀就跟政治分不開，任何國際局勢的風吹草動，都可能影響柏林人的生活。隨著蘇美關係的惡化，柏林在1961年被無情地分割成東、西兩區。「柏林圍牆」的築起，如同像世界宣告：共產主義和資本主義從此畫清界線。10年、20年過去了，柏林人當時心想：這道牆彷彿永遠不會有倒下的一天。

當時西柏林居民的生活幾乎和西方文化同步，東柏林的人民則是日復一日在蘇聯的統治下生活，圍牆正如同蘇美冷戰時期的鐵幕，將柏林分成兩個意識型態、經濟體制以及人民生活方式。

1989年，蘇維埃政權垮台，柏林圍牆倒塌，東西柏林及兩德統一。然而昔日圍牆下，兩邊人民的生活及工作型態早已因政治體制的不同而有所差別。時至今日，在柏林東區仍存在著一種現象：

「東德情結」，指的就是前東德(包含東柏林人)，對突如其來的資本主義社會的適應不良，反而對往日生活有所懷念的現象。即便如此，卻沒有什麼比重新獲得的自由來得重要。

對自由的渴望及反叛精神

冷戰期間，東柏林人在東德國家安全局嚴格的監控下生活，卻仍不放棄到西柏林的夢想，而西柏林人也一直想盡辦法協助他們。在這些日子裡，東西柏林人都各自寫下許多動人的事蹟。這都代表了柏林人為了自由而勇於冒險，敢於挑戰社會體制的精神以及行為，並沒有因為兩德統一後而消失。第一次世界大戰結束至今日已過了100多年，柏林人

對於政治、社會結構、女權運動的批判精神使終沒有停下來過，甚至在2018、2019年規畫了「100 Jahre REVOLUTION BERLIN 1918/1919」
一系列的歷史文化講座及展覽，重新以今日的角度檢視歷史。

http www.100jahrerevolution.berlin

Leben und leben lassen.

　對於柏林人來說，歷史不只是書中的一個篇章，更是許多老一輩柏林人生命中的一部分。一位柏林友人說，今日的柏林不只存在著前東西柏林的差別，就連在柏林的每一個行政區，都因為歷史

的演變，以及不同的外來移民人口影響，呈現出不同的生活型態及方式。而柏林人如何在這看似複雜的文化背景中，找到自己的生存之道呢？另一位年長的柏林友人Juliane曾和我在施普雷河畔的橋上分享，在柏林，最重要的就是「Leben und leben lassen!」(意指：對於各種生活的寬容，並且從這樣的交會中，再找到自己的生活方式。)

1.柏林圍牆文獻資料館中，東西柏林分界地圖 / 2.1961年連通往西柏林的地鐵的隧道口都要用磚頭封死 / 3. 夏洛騰堡區是當時西方資本主義的指標 / 4.市井小民販售著前東德時期的物品 / 5.前東柏林區－潘科區的傳統市集 / 6.「Leben und leben lassen!」是柏林人生活的寫照

是柏林人生活的寫照

「柏林窮，但很性感！」
"Berlin ist arm, aber sexy!"

1

歐洲創意之都

　　柏林現在雖然是歐盟大國的首都，但早期因為缺乏工業，在國際上的整體經濟表現仍有待加強，卻也因為相對低廉的生活物價水平，以及開放包容的風氣，吸引了大量來自世界各地的年輕藝術家前來。他們帶著各自的文化背景及創作想法，希望能在這裡實現自己的夢想。

　　隨著網路科技產業的成熟，加上政府的專案措施，今日柏林的新一代藝術家已經從街頭走入咖啡廳或是共創空間大展身手了，柏林各區的新創公司也因此如雨後春筍般的出現。其中以位於米特

區的「柏林工廠」(Factory Berlin)為指標，其前身是一座廢棄的酒廠，目前它是德國最大的新創園區。其他地區如十字山區及新科恩區亦有許多類似的共創空間(Working Space)。

街頭藝術萬花筒

　　儘管現在柏林的創意產業陸續轉型，但是在大街小巷、日常生活中，從20世紀末就一直存在的街頭藝術文化沒有完全消失。直到今天，柏林仍像是一個國際藝術實驗室，任何人只要帶著新奇的想法、點子來到柏林，都會很自然地和這個城市原本有的元素產生奇妙的化學

2

3

About Berlin

18

變化。而這些一個又一個的實驗，不只在學術的殿堂裡進行，在廢棄的公寓外牆(塗鴉創作)、地鐵車廂裡(音樂表演)或是在廣場上的一塊小空地(即興彩繪)，都可以是藝術家們的畫布、實驗桌。

從滕珀霍夫機場思考柏林精神

面對國際問題以及自家問題，柏林人顯示出不同的兩種態度。2015年的歐洲難民潮，基於人道立場，柏林對難民敞開大門，甚至在滕珀霍夫機場旁劃了大型的難民收容所。(只是這樣的現象最終造成了一些社會問題，許多民眾已經採取中立的態度來觀望，亦有人因此而對歐洲難民持反對的立場。)

另一個柏林精神，則是關於公共議題的注重：民眾為了保留市區內的綠地休閒活動空間，透過公投否決了政府對於舊機場的新住宅區開發計畫。如此的做法相較於什麼都向錢看的國家，不斷地以更新開發以提升經濟目的的城市，柏林市民精神顯得難能可貴。

1.任何建築物的壁面，都可以成為街頭塗鴉者的畫布／2.文創市集一景，大學生扮成枯樹，成為藝術作品的一部分／3.參加街頭塗鴉藝術導覽／4.亞歷山大廣場附近的地面藝術創作／5.整個柏林城市就像是一間畫廊／6.前身為機場的勝柏霍夫廣場，在柏林市民的爭取下，至今仍為休閒活動用地

享受大自然的好去處

　柏林的公園大大小小加起來共有2,900公頃，為數大約有800多個綠地。也就是說整個市區有大約3%的土地都是公園。柏林人對於綠地的嚮往，就像長久以來對於自由的渴望。過了寒冷的冬季，居民期待著夏日的到來，為的就是能躺在草地上，盡情地享受陽光。夏季在柏林旅行，不妨帶著野餐墊、簡餐和啤酒，和朋友們一起在喧鬧的城市中，體驗一下當地悠靜的下午。

蒂爾加滕公園
Tiergarten

✉ Starße des 17. Juni 100, 10557 Berlin | ☎ 030901833101 | ⏰ 公共空間，24小時開放 | ➡ 搭乘S3、S5、S7至Tiergarten站、U9至Hansaplatz或是巴士100、106、187、200號 | ⏳ 2～2.5小時 | http visitberlin.de/de/tiergarten | MAP P.113

　位於柏林市中心，曾經是從柏林皇宮至夏洛滕堡皇宮必經之地的蒂爾加滕公園。歷經了18世紀被改建為巴洛克式風格，19世紀由當時知名的景觀設計師改為英式景觀花園。蒂爾加滕公園在今日工業及交通繁忙的柏林，扮演著空氣清淨機的角色，寬廣的腹地，每到夏日或是假日，都是居民外出踏青的最佳去處。

公園內的雕像

在公園內巧遇猶太教儀式的婚禮

世界公園
Gärten der Welt

✉ Blumberger Damm 44, 12683 Berlin │ 🕐 每日上午9點至天黑，售票最晚至20:00 │ 💲冬季日票4€、優惠票2€。夏季日票7€，優待票3€。(套票含纜車9,90€，優惠票5,50€；夜光票17點起4,50€) │ ➡ 搭乘巴士195線至Eisenacher Str./Gärten der Welt站。或是巴士X69、195號至Blumberger Damm/Eisenacher Str.站下車，步行400公尺，即達目的地 │ ⏳1.5~2小時 │ 🌐 www.gaertenderwelt.de │ ⁉ 自行車及小狗禁止入園 │ 🗺 P.139

　　位於前東柏林區(Marzahn-Hellersdorf)的世界公園，占地43公頃，是在1987年為了紀念柏林建城750年而建造的花園。這裡的花園集合了亞洲、南美洲、非洲各國的特色及文化，其中更有歐洲規模最大、最具代表性的「中國園」。由友好城市日本的知名花園設計師、禪師和柏林一同打造，擁有日本的傳統元素涼亭以及流水的「日園」。公園中還有溫室花園、峇里島園和韓園，是喜愛園藝的旅人不可錯過的地方。

1.2.3.世界公園內充滿了異國風情的造景(圖片提供 / ©Rune Holtmoen)

腓特烈斯海因—
人民公園(童話噴泉)
Volkspark-Friedrichshain, Märchenbrunnen

✉ Am Friedrichshain 1, 10407 Berlin │ 🕐 童話噴泉區開放時間：每日08:00~22:00 │ ➡ 搭乘巴士200號至Am Friedrichshain站，步行一分鐘即到目的地；Tram10號至Am Friedrichshain站下車 │ ⏳1~1.5小時 │ 🌐visitberlin.de/de/volkspark-friedrichshain │ 🗺 P.139

　　人民公園建立於1840年，是柏林第一座專為民眾開放的大眾公園。公園的南方，是1849年柏林五月革命(Märzrevolution)及1989年十一月革命(Novemberrevolution)的墓園。西方的入口，則是在1902~1913年建造，主題為格林童話的義大利水上劇院噴泉，當初設計的目的是作為禮物，送給受到傷寒及佝僂症威脅的勞工階層孩子們。整個公園提供適合親子活動的遊戲場及運動場，當然這裡也少不了啤酒花園和露天電影院，吸引柏林喜愛啤酒及大自然綠地的年輕人！

1.人民公園內也可以見到柏林熊的蹤影 / **2.**小紅帽與大野狼的雕塑

旅行小抄

柏林其他值得一遊的公園
1.Preußen Park (Thaipark)-Wilmersdorf區
2.Görlitzer Park-Kreuzberg區
3.Victoriapark-Kreuzberg區

柏林風情掠影

享受大自然的好去處

當地人鍾愛的
傳統市集

和德國其他城市一樣，柏林每一區都有不同型態的市集，有常態性、季節性或是年度性的市集。想要一睹柏林當地人真實的生活樣貌，來一趟市集挖寶之旅就對囉！

柏林的市場大致上可以分為：跳蚤市場(Flohmarkt)、舊貨市場(Trödelmarkt)和主題市集(Themenmarkt)。其中主題市集的變化就比較多，如藝術創意文化市集(Kunstmarkt)、古董市集(Antikmarkt)、舊書市集(Büchermarkt)，還有最受全世界觀光客歡迎的聖誕節市集(Weihnachtsmarkt)。

時常也會看到有不同主題結合在一起的市集，如東站(Ostbahnhof)的大型跳蚤市集(Riesen-Flohmarkt)，結合了古董、集郵及集錢幣市集。

市集的地點大多是在市政廳前的廣場(Marktplatz)、火車站、公園或是河畔旁附近的廣場。而除了上述的主題廣場，當然也有一般的菜市場，不過菜市場也是有分主題的，綠色市集(Biomarkt)如「珂維茨市場」(Biomarkt am Kollwitzplatz)，主要販售由小農自家耕種的作物、有機麵包、飲品；或是在新科恩

區，因為該區居住著大量的土耳其移民，因此在每週二、五的土耳其市場（Türkischer Markt）則可見到各式的土耳其家鄉菜！

市集裡面的貨物，小至由設計家獨立經營的各式鈕扣，大至復古式櫥櫃、餐桌，都可以看得到。只要搶到時間登記攤位，任何人都可以成為攤販商，遊走在各大小市集裡，有時可以看到媽媽帶著小孩子，一起在站在攤位的後方，叫賣著家裡已經不需要的玩具、童書、穿不下的小衣服。有些客人還會和小老闆打趣地說：「我如果殺價，你的零用錢是不是就少賺了一些呢？」

在柏林旅行，只要掌握好市集擺攤的時間及地點，跟著當地人的日常生活腳步走，透過市集裡的五花八門的攤販，新鮮及稀奇古怪的商品，涵蓋了當地生活的食衣住行的用品，一定可以為旅程增添不少樂趣。

1.5.位於哈克雪庭院的傳統及創意市集／2.東火車站每週日約有120～150個攤位擺攤，等著大家來挖寶／3.東火車站內大型集郵幣市集／4.5月初Lichtenrade區的活動文藝市集Kunst trifft Wein，意外出現小嘉賓／6.固定出現在圍牆公園週日市集的攝影師Alexdander Voss，其柏林城市系列海報非常受到歡迎（www.voss-photography.com）

柏林推薦市集

市集名稱	主題	營業時間	地點
Flohmarkt am Boxhangener Platz (博森哈納廣場)	跳蚤市場	週日10:00～18:00	Boxhagener Platz 1, 12045 Berlin
Antik- und Buchmarkt am Bode-Museum (博登博物館前)	古董及舊書市場	週末及假日 11:00～17:00	Am Kupfergragen 1, 10117 Berlin
Flohmarkt im Mauerpark (圍牆公園)	跳蚤市場	週日09:00～18:00	Bernauer Straße 63-64, 13355 Berlin
Antikmarkt am Ostbahnhof (東火車站)	古董、家具、各式收藏品市場	週日10:00～17:00	Erich-Steinfurth-Straße 1, 10243 Berlin (東火車站北方出口)
Trödel- und Kunstmarkt Straße des 17. Juni (六月十七日大街)	舊貨、古董、藝術品市場	週末10:00～17:00	Straße des 17. Juni 106, 10623 Berlin

（製表／時小梅）**http** www.berlin.de/special/shopping/flohmaerkte

柏林風情掠影

當地人鍾愛的傳統市集

越夜越精采的
柏林夜生活

電子樂迷的天堂

在歐洲年輕人心目中，柏林不只是德國的首都，更是歐洲派對國度中的首都 (Einer der Party-Hauptstädte Europas)之一。1990年代開始，柏林的夜晚也隨著城市裡自由與充滿希望的氣氛熱鬧了起來。俱樂部文化(Clubkultur)以及不走商業主流路線的電子音樂(Techno)在柏林的各個角落，漸漸找到了自己的舞台，例如國際知名專業的DJ如Ellen Allien、Paul van Dyk等。最著名的俱樂部有排隊入場最嚴格的Berghain，以及在柏林電子音樂界最具傳奇性的Tresor。

奧古斯都區

在米特區的奧古斯都街亦是感受柏林夜生活的好選擇。在街上24號，駐立著至今已經100多年歷史的舞廳——小珂拉舞廳 (Clärchens Ballhaus)，同時它也是一間餐廳，餐廳外的小庭院，有時會是柏林相關歷史紀錄片的拍攝景點。像這樣的特色街區(Kiez)在柏林非常的多，並且保留各區最在地的樣貌，特別是在入夜後隨著街燈的點綴更顯得迷人。柏林的餐廳(附酒吧)通常都營業到半夜，而且時間越晚店內的人越多。旅行時，亦可以找一個晚上感受一下柏林的夜生活。

1.2.小珂拉舞廳餐廳的1樓仍保留著傳統的用餐區與舞池，晚上不定期會有Salsa、恰恰、華爾茲等入門舞蹈課程 / 3.通往奧古斯特街及奧亨寧堡街著名的歷史庭院Heckmann-Höfe，庭院內駐有許多小商店

不可錯過的
柏林伴手禮

柏林最著名的紀念品莫過於柏林熊(Berliner Bär)，以及帶著濃濃前東柏林風格帽子的綠燈號誌人(Ampelmännchen)。

柏林的最佳形象大使柏林熊

柏林和熊的淵源據說起源於12世紀柏林建城初期，和有「大熊阿布雷希特」(Albrecht der Bär)外號之稱的首位布蘭登堡邊疆侯爵有關。1338年，「熊」的

標誌已經可以在柏林官方的文件中看到了。中世紀以來，柏林的市徽一直是代表著布蘭登堡和普魯士的鷹，熊則長期以來都是配角。我們今日所看到這個站立式，有著紅色舌頭及利爪的黑熊則是戰後1954年西柏林的版本，一直沿用到今日。2001年來，隨著柏林熊人氣高升，柏林市政府陸陸續續舉辦各式各樣的巴迪熊展(Buddy Bear)，除了促進城市觀光之外，同時也利用展覽收入做善事，讓柏林熊扮演起和平大使的角色，使它廣受全世界旅客的喜愛。

1.東柏林號誌燈人結合眾多文創商品，是柏林紀念品搶手貨之一 / **2.3.4.**柏林街上隨處可以看到柏林熊

25

東柏林最佳代言人號誌燈人
(Ost-Ampelmann)

一篇於2004年底刊登於德國柏林Der Tagesspiegel報的新聞,以「東德號誌燈人漫步至西柏林」(Ost-Ampelmann spaziert in den Westen)為標題,告昭柏林的市民們,這位看起來友善、愜意又帶點圓潤體型的東德號誌燈人,在圍牆倒下後的東西柏林號誌燈統一戰中,打敗了西柏林那位無趣、身型又瘦又長的對手而勝出,成為柏林沿用至今日的號誌燈人圖樣。

號誌燈人的品牌化,則要歸功於當時一位極力尋找東柏林文化的藝術家Markus Heckhausen。他與號誌燈人之父Karl Peglau,曾經固定在週六下午3點於潘科區喝咖啡聚會,從號誌燈人的故事開始,Heckhausen將他的經歷以及採訪到的東、西柏林時期的歷史、文化及藝術等研究,完成了著作《Das Buch vom Ampelmännchen》。隨後,因為號誌燈人廣受歡迎,這位看盡東柏林生活百態的號誌燈人走上品牌商品化之路也是必然的了。目前號誌證人在柏林有許多分店,火車站、菩堤樹大街下或是哈克雪庭院區都可以見到它的蹤影。

1.2.東柏林號誌燈人商品非常多元化 / **3.**巧克力是德國人的最愛,百貨公司不定時會有巧克力甜食特展 / **4.9.**Apotheke是專業的藥局,在這裡可以買到油中油 / **5.**ISANA是Rossmann的自家品牌 / **6.**Lavera和Weleda系列保養品是藥妝店內中高價位的品牌,以天然及有機為理念素求

其他德國必敗伴手禮

除了上述兩個最具代表性的柏林紀念品，來一趟德國，當然要買一些時下網路最夯、物美價廉的藥妝用品以及保建食品。dm及Rossmann是最主要的藥妝用品店，可以買到各家自有品牌的商品(dm是Balea，Rossmann是ISANA)，維他命發泡錠則是可以在兩家店都找得到。另外還有部分商品是只有在藥局Apotheke才看得到，如油中油和德國世家的產品。(德國世家的產品也有在Alnatura及Galeria設櫃)。

蜂蜜及巧克力亦是德國的伴手禮之一，在REWE、EDEKA超市或是Galeria的百貨超市都可以找到非常齊全的品項。

下表幫助讀者在緊湊的行程裡，快速地找到要買給台灣親友小禮物的地方。

7.價廉物美的Balea系列保養品近年來一直是國人到德國旅遊必敗品之一 / 8.德國的蜂蜜品質相當的不錯，要找最齊全的種類，直接到超市即可 / 10.發泡錠在dm或是Rossmann都可以買得到

德國推薦伴手禮

類別	推薦店家	商品種類	可以買到以下商品
百貨公司	KaDeWe	歐洲時尚精品、服飾、各國巧克力、花草茶、化妝品、香水	RIMOWA(5樓)、品牌廚具(4樓：WMF、雙人牌、Fissler)、Meissen邁森瓷器(4樓)
超級市場	EDEKA、REWE	生鮮蔬果、餅乾零食、啤酒、傳統德國麵包	巧克力(Ritter Sport、Lindt、Milka)、蜂蜜果醬、HARIBO小熊軟糖
藥妝品店	dm	如同台灣的康是美，身體保養、美容美妝用品、生活用品	Balea全系列商品、NIVEA、維他命發泡錠
	Rossmann		ISANA全系列商品、NIVEA、維他命發泡錠
藥局	Apotheke	基本保健食品、醫生有開處方簽才能買得到的藥品	油中油(China Öl)、德國世家(Dr. Hauschka)系列用品(德國世家商品在有機商店Alnatura和百貨公司Galeria亦可買得到)

(製表／時小梅)

柏林
必嘗美食

　　許多知名的德國美食，雖然大多源自於南德，在柏林一樣可以品嘗得到。來到柏林要選餐廳時，可以找當地歷史悠久，或是有標榜「德國廚房」(deutsche Küche)的道地餐廳！同時因為受到外來文化影響，在柏林亦找得到豐富多樣的異國美食喔！

餐點	Eisbein

水煮豬腳

　　德國北方的傳統水煮豬腳，有別於南德的烤炙豬腳，口感滑嫩多汁。配菜通常會有酸白菜(Sauerkraut)、豌豆泥(Erbspüree)及馬鈴薯(Kartoffeln)。是柏林必點美食。

分量十足的Eisbein mit Erbspüree

餐點	Berliner Boulette

柏林豬肉餅

　　口感濃郁的豬肉餅香氣十足，配菜會附上涼拌馬鈴薯沙拉，再搭配蜂蜜芥茉醬(Senf)，一人份量剛剛好。

豬肉餅搭配的沙拉會依季節更換菜色

餐點	Königsberger Klopse

柯尼斯堡丸子

　　源自於前東普魯士的柯尼斯堡白醬肉丸，主要流行在前東德地區。肉丸吃起來鬆軟，搭配有檸檬及奶油香氣的白醬，多重層次的口感，適合口味較清淡的旅人。

柯尼斯堡丸子也是正宗的柏林菜色之一

街頭美食 Currywurst

咖哩香腸

　　柏林最有名的速食小吃就是咖哩香腸。在Imbiss小吃攤販幾乎都可以吃得到，道地的香腸經過氽湯、油煎後，再淋滿濃醇的咖哩番茄醬汁，冉撒上大量的咖哩粉，品嘗咖哩香腸絕對是到柏林後第一件要做的事！

Curry 36在當地最有名，各大車站都可以看得到其蹤影

街頭美食 Döner Kebab

土耳其旋轉烤肉

　　首推Mustafas Gemüse Kebab。酥脆的麵餅皮(一般的麵餅皮都很硬)，以羊肉或是雞肉為底，搭上新鮮的生菜沙拉、紫高麗菜、番茄及生洋蔥，還有別家店沒有的茄子、西胡蘆、甜椒以及馬鈴薯等配料，加上辣醬或是優格醬，非常好吃。常常要排隊等上1小時才吃得到。

Mustafas Gemüse Kebab在網路上非常紅，我吃過很多Döner，就屬這間以及在滕珀霍夫區的EGE Gemüse Kebab 最好吃

啤酒、飲品 Berliner Weiße

Berliner Weiße

　　Berliner Weiße是於柏林的道地啤酒種類，從18世紀開始就非常受到當地人的喜愛。其酒精濃度很低，喝的時候會有蘋果的香氣，也比一般啤酒來的不苦。今日的Berliner Weiße為一種混合飲料，以固定比例加上香車葉草或是覆盆子濃縮汁製成。走在柏林街頭，若看到有人坐在酒吧外，喝著紅色或綠色的啤酒，那就是Berliner Weiße。

受到相關法令保護，只有在柏林當地釀造的Berliner Weiße才可以使用這個名稱

29

城市啤酒

　　德國各城市都會有自己的城市啤酒品牌，在柏林餐廳或是超市裡最常看到的就是Berliner Kindl以及Berliner Pilsner。另外，有些德式餐廳會提供自製的啤酒（vom Hahn 從啤酒水龍頭供應），點餐時可以直接選擇要淡啤酒(Hell)或是黑啤酒(Dunkel)，以及500ml或是300ml。

1.在超市裡買Berliner Kindl價格較便宜 / **2.**Berliner Pilsner曾是東柏林時期當地最主要的啤酒供應商

柏林空氣

　　柏林空氣薄荷利口酒屬於甜酒類。主要成分為辣薄荷(Pfefferminze)，喝起來很涼。酒精濃度大約在18度上下。雖然稱為「Berliner Luft」，但是在當地受歡迎的程度不如其他酒類。

在Café Sibylle咖啡廳小試柏林空氣薄荷利口酒

科恩酒

　　又稱Kornbrand，以小麥或黑麥等穀物為原料，穀物的篩選過程不如伏特加酒嚴格，在價格上也較為便宜。酒精濃度大約在32～38度。

科恩酒在餐廳供應通常是以shot (20ml / 2cl)為單位，飲用時一口氣喝完，並快速吞下

巨天使— 傳統柏林餐廳

✉ Birkenstraße 44, 10551 Berlin | 📞 03039-809003 | 🕐 16:00～00:00。廚房供餐至22:00 | 💲 主餐15～30€不等 | ➡ 搭乘地鐵U9至Brikenstraße站下車，步行數分鐘即達目的地 | ⌛ 2～2.5小時 | 🌐 www.dickerengel.berlin | ⁉ 可事先訂位 | 🗺 P.113

　　柏林老字號的傳統餐廳「巨天使」(dick 德文中是肥胖的意思)，在用餐區的正中央，有一位巨型天使陪伴著當地人及絡繹不絕的觀光客用餐。經典德國豬腳搭配馬鈴薯泥、豌豆泥，以及其他各式各樣的豬排餐，再點上一杯自家製的新鮮啤酒，是連柏林當地人都常造訪的好地方。

特色餐廳 Zur letzten Instanz
最後的審判

✉ Waisenstraße 14-16, 10179 Berlin｜☎ 0304-245528｜🕐 週二～日12:00～01:00。午餐供應：週二～五12:00～15:00。週一休息｜💲 午餐9～13€、套餐10～25€｜🚇 搭乘地鐵U2至Bhf Klosterstraße站下車。往Naturdenkmal方向，沿著Parochialstraße直直走，即到Waisenstraße及目的地｜🌐 www.zurletzteninstanz.com｜🗺 P.69

　　餐廳起源可追溯到17世紀，一位選帝侯的馬夫所建立的白蘭地酒館。在20世紀初，因為街上設立了一間法院，餐廳裡多了許多來自法院的客人。「最後的審判」之店名也因此而確立，由此之故，看到菜單上的「律師早餐」、「起訴誹謗罪套餐」等菜名，也就不需要大驚小怪了。

　　許多20世紀的名人如查理·卓別林(Charly Chaplin)、柏林重要的繪畫藝術家及攝影師海因里希·澤爾(Heinrich R. Zille)都曾經到訪過這裡。

1.餐廳內一座200歲的瓷磚爐灶相當出名，拿破崙曾經在爐灶旁的座位上用餐過／2.據說德國總理梅克爾也常光顧這間柏林最老的餐廳

異國料理 Internaltional Küche
亞洲、美洲餐廳

　　柏林在二次世界大戰之後，引入了許多外籍人口一同加入城市重建。其中又以土耳其、義大利人口為居多，越南人在當時的東柏林也是隨處可見。時至今日，在國際之都柏林的大街小巷都可以找到許多來自世界各地的風味菜色，從南美洲到亞洲、從頂級餐廳到巷尾小吃，一定可以滿足任何一類美食饕客的味蕾。異國特色餐廳將在分區導覽篇章中一一介紹。

1.Falafel是阿拉伯餐廳的特色餐點／2.阿拉伯式餐廳裡的Hummus，Hummus醬上有著大量的橄欖油，以一旁的麵包沾取食用／3.亞洲餐廳裡的酸辣湯／4.越南餐廳裡的菜色也跟上柏林追求健康、養生飲食的潮流

柏林
節慶活動

「Es ist immer etwas los in Berlin!」(柏林總是有許多活動及新鮮事！)許多德國友人都和我這麼形容柏林。相較於其他德國中南部的城市，柏林的娛樂活動是既國際化、豐富多元又充滿著新鮮感！除了該有的國家性節慶，柏林還有自己的藝術文化、音樂、各項娛樂性的節日，全年度熱鬧地輪番上陣。

完整的柏林全年度活動時程表，可以至網站查詢。 http www.berlin.de/events

2月 柏林國際電影節(Berlinale)

全球三大藝術影展之一的柏林國際影展，每年2月在德國首都迎接來自將近130個國家參展影片的導演、演員、電影工作者、影評人，以及全世界各地的影迷，是全世界最大的國際盛事之一。

影展期間，柏林市內許多的電影院會一起共襄盛舉播放參賽影片，甚至許多影片的導演及演員也會出現在特定場次，與影迷一起欣賞電影，並且在電影結束後做討論。若是2月到柏林，別忘了一起參與這個一年一度的柏林電影節，說不定在街車上或是咖啡廳還可以遇到名人哦！ http www.berlinale.de

4月 沃普爾吉斯之夜
(Walpurgisnacht/Tanz in den Mai)

這是北歐和中歐流傳已久的宗教節日，慶祝時間在4月30日的夜晚直至5月1日。今日人們又稱其爲「五月的舞蹈」，在柏林會有一系列的派對活動。

5月 文化嘉年華會(Karneval der Kulturen)

在聖靈降臨節的週末(Pfingstewochenen-de)會有爲期4天的大型文化嘉年華會。其中包含了大遊行、音樂會、舞會等不同文化活動。5月到柏林時可以先行上網查詢。遊行的地點主要在十字山區，同時附近也會有許多市集攤販，非常得熱鬧。http www.karneval-berline.de

6月 世界音樂節(Fête de la Musique)

每年6月21日的世界音樂節源自於法國，1982年由法國文化部提議，柏林從1995年開始，每年也在城市的各大街小巷一同共襄盛舉。在這一週內的18:00～22:00，來自世界各地的音樂家、樂團，會在柏林的各個角落以及室內室外都免費演出。http fetedelamusique.de

7月 同志遊行嘉年華會
(Christopher Street Day)

暑假來到柏林，最重要的行程莫過於體驗一次同志遊行嘉年華會(CSD)。遊行路線從庫達姆大街開始，經過勝利紀念柱，最後到勃蘭登堡門。遊行盛會歡迎所有LGBT的朋友，每個人可以隨心所欲地裝扮自己，和遊行街車一起上街頭歡慶這一天。http www.csd-berlin.de

8月 柏林國際啤酒節
(Internationales Berliner Bierfestival)

在卡爾馬克思大街，從Strausberger Pla-tz至Frankforter Tor將近2.2公里長的街上，品嘗來自世界各地的美味啤酒。國際啤酒節每年會以不同國家做爲主題，在暢飲啤酒時，還可以一同了解其文化。
http www.internationales-berliner-bierfestival.de

1.在柏林動物園站一旁的ZOO PALAST電影院 / 2.熱鬧的柏林影展在每年2月一起與全球影迷渡過寒冬 / 3.庫達姆大街上的同志遊行嘉年華會

9月 柏林馬拉松 (Berlin Marathon)

運動賽事在柏林一樣不會缺席。全長42公里的柏林馬拉松，從勝利紀念柱出發以順時鐘的方向經過蒂爾加滕、米特區、腓特烈斯海因區、新科恩區、十字山區等，最後回到勃蘭登堡區。一路上會經過許多柏林知名景點。若是看到台灣選手，別忘了為他們歡呼加油喔！

http www.bmw-berlin-marathon.com

10月 柏林燈光節
(Lichter-Festival / Festival of Lights)

從2005年開始，柏林每年10月都舉辦為期10天的燈火節，城市內最著名的景點如柏林大教堂、勃蘭登堡門以及柏林電視塔，每天晚上都會以結合藝術及建築物風格的燈光打亮，想要拍下和別人不一樣的柏林熱門景點照片，選10月來就對了。 http berlinleuchtet.com

12月 聖誕節市集 (Weihnachtsmarkt)

多天的柏林，最令人期待的莫過於從11月底開始的聖誕節市集。市集內聚集了各式各樣的攤位，除了品嘗德國香腸(Bratwurst)之外，一定要來一杯多季限定的Glühwein暖暖身子。心型薑餅、巧克力、文創商品、摩天輪以及表演活動，吃喝玩樂都可以在聖誕節市集一次滿足！

1.柏林馬拉松也有台灣的隊伍參加 / **2.**亞歷山大廣場的聖誕節市集 / **3.**聖誕節市集內的新奇玩意 / **4.**夏洛騰堡宮前聖誕節晚會 / **5.**12月寒冷的柏林，喝上一杯Glühwein最溫暖

柏林
林
行程規畫

柏林的多種玩法(3、5、9日遊)
P.36
二戰歷史主題之旅
P.41

3日遊行程

嚴選米特區、亞歷山大廣場、波茨坦廣場

想要在3天內快速、簡要地遊玩柏林，建議可以以市中心米特區的歷史景點、波茨坦廣場現代大型購物中心，或是亞歷山大廣場等，較不花交通時間的地方作為行程重點。博物館島上可以以佩加蒙博物館作為參觀重點，再另外選擇一個博物館參觀。3日遊的行程可以參考次頁5日遊行程之1、2、5日的規畫。

尼古拉街區可以快速找到許多有趣的紀念品

博物館的行程，一逛常常就是1.5個小時，時間要掌握好

在柏林搭地鐵和巴士很方便，買日票或是週票都很划算

布蘭登堡門前，每天都有新鮮事

5日遊行程
輕鬆暢遊柏林市中心及郊區

安排5天的行程，是比較理想的天數。如此一來，可以走到一些市中心外圍的特色街區(若以柏林交通地鐵圖劃分，即是A、B兩區的範圍)。例如：腓特烈海因—十字山區或是滕珀爾霍夫區。這些區域的景點，通常需要花較多的時間在交通往返以及參觀，如「東邊畫廊」、「柏林圍牆紀念地」等，一個上午可能只能走一個景點。因此，相較於3日遊的行程，5日遊可以玩的歷史景點較爲豐富，也多一些時間可以探索特色街區內的小店家。

	上午	午餐	下午	晚餐	晚上
Day 1		機場或火車站附近用餐	亞歷山大廣場、柏林電視塔、尼古拉街區	尼古拉街區內餐廳(如齊爾餐廳 Zille Stube，詳見P.84)	休息，調時差
Day 2	米特區景點：布蘭登堡門、巴黎廣場、菩提樹下大街、佩加蒙博物館、柏林大教堂	御林廣場附近用餐	六月十七大街、蒂爾加滕公園、勝利紀念柱、德國國會大廈、德國總理府	自理	自由安排
Day 3	普倫茨勞貝格區：柏林圍牆、圍牆公園	普拉特(啤酒)花園、或是栗樹林蔭街上的國際餐廳 (詳見P.109)	哈雪克庭院、市集。腓特列大街、查理檢哨站	穀倉區：小珂拉舞廳	自由安排
	方案2 腓特烈海因－十字山區 (參見9日遊第3日) 方案3 滕珀爾霍夫區及新科恩區				
Day 4	夏洛騰堡宮及花園	夏洛騰堡宮或是薩維尼廣場附近 (詳見P.128、129)	柏林動物園（或是植物園）、威廉皇帝紀念教堂	烏蘭大街或康德大街(詳見P.126、127)	KADEWE或是Ku'damm大街購物
近郊一日遊	方案1 特列普托－科本尼克區1日遊 方案2 萬湖1日遊 方案3 斯潘道1日遊 *上、下午行程詳見「柏林近郊旅遊」篇章				
Day 5	波茨坦廣場：德國電影資料館、索尼中心	Lindenbräu或是波茨坦廣場附近餐廳(詳見P.100、101)	準備搭機回台		

(製表／時小梅)

5日遊行程剪影

泰格爾機場至市區的交通非常方便

亞歷山大廣場噴泉

柏林大教堂

勝利紀念柱

萬湖一日遊，可以搭船前往有如世外桃源般的孔雀島

柏林動物園適合親子同遊

索尼中心結合歷史景點，以及購物商場

旅行小抄

冬夏季日照長短不一，注意行程規畫

德國夏季日照時數長，晚上8點天都還是亮的，然而在冬季則是下午4點左右天色就開始暗了。因此，根據自己到柏林的季節，來規畫及調整晚上的行程則是非常重要的事。

若天氣不好，下午4點天色就很暗了(圖為11月亞歷山大廣場地鐵站外)

9日遊行程
愜意遊覽郊區及波茨坦宮殿

9天的行程可以說是最愜意，也比較能夠深入柏林歷史、人文以及大自然的理想旅程天數。除了上述3日及5日的行程之外，絕對還有時間參觀柏林郊區如特列普托公園(Treptower Park)以及16世紀德國文藝復興式的要塞建築施潘道(Spandau Zitadelle)。除此之外，可排1～2日至波茨坦市小旅行。波茨坦市是布蘭登堡邦首府，曾是普魯士王國時期重要的國王行宮，目前該區已列為UNESCO世界文化遺產：「波茨坦和柏林的宮殿及公園」。其中有無憂宮花園及其他宮殿，非常值得一遊，可以體驗華麗而悠靜的普魯士時期的風情。

	上午	午餐	下午	晚餐	晚上
Day 1		火車站附近用餐	亞歷山大廣場、柏林電視塔、尼古拉斯街區	亞歷山大廣場地鐵站附近(詳見P.87～P89)	休息，調時差
Day 2	米特區景點：布蘭登堡門、歐洲被害猶太人紀念碑、佩加蒙博物館、柏林大教堂	愛因斯坦咖啡或是御林廣場附近用餐(Rausch Schokolade)	六月十七大街、蒂爾加滕公園、勝利紀念柱、德國會大廈	Augustiner am Gdamenmarkt (詳見P.66、67)	自由安排
Day 3	腓特烈海因－十字山區：東邊畫廊、卡爾馬克斯大道	卡爾馬克斯大道街上：Cafe Sibylle(詳見：P.144)	土耳其市集、猶太人博物館、恐怖地形圖文獻館	土耳其市集小吃或是河岸旁的Ankerklause酒吧餐廳	自由安排

方案2 普倫茨勞貝格區(參見5日遊第3日)
方案3 滕珀爾霍夫區及新科恩區

	上午	午餐	下午	晚餐	晚上
Day 4	波茨坦廣場：德國電影資料館、索尼中心、間諜博物館	波茨坦廣場：Lindenbräu (詳見：P.100～101)	哈雪克庭院、市集。腓特列大街、查理檢哨站	哈雪克庭院內的餐廳，如：Fondette；或是腓特列大街上的餐廳	自由安排
Day 5	夏洛騰堡宮及花園	至康德大街的亞洲餐廳用餐(詳見：P.126)	柏林動物園、(或是植物園)威廉皇帝紀念教堂	動物園車站附近，如Berlin Bikini內的美食區	自由安排

Day 6
近郊一日遊
方案1 特列普托－科本尼克區日遊
方案2 萬湖1日遊
方案3 斯潘道1日遊
*上、下午行程詳見分區導覽介紹

波茨坦小旅行					
Day 7	第 7 日 前往波茨坦。波茨坦市區：聖尼古拉教堂、市政廳、荷蘭街區	荷蘭街區上的餐廳	新花園、亞歷山大德羅夫卡	自理	夜宿波茨坦
Day 8	第 8 日 無憂宮花園	宮殿附設之 Café 或是波茨坦市中心	巴貝爾貝格公園及宮殿	自理	回到柏林市區
Day 9	米特區景點加強、購買紀念品		準備搭機回台		

注：以上3、5、9日行程規畫僅提供參考。同一時段內，建議只排1～2個景點即可，不需全部參觀。用餐地點亦需視當日行程及實際交通方式而調整。(製表／時小梅)

9日遊行程剪影

卡爾馬克思大道

亞歷山大德羅夫卡，前蘇聯占領區

波茨坦市荷蘭街區

波茨坦無憂宮

薩克森豪森集中營位於柏林北方郊區，適合一日遊行程 (詳見P.176～177)

特列普托公園

二戰歷史主題之旅

柏林，一本立體的歷史故事書

想要在旅行前，快速認識柏林，並且想要安排一趟柏林歷史之旅，可以從歷史上的幾個重要時期著手。第一個時期是18～19世紀「普魯士王國首府時期」的柏林：在腓特烈大帝帶領下，柏林的老城區興建了許多具代表性的建築。普魯士御用建築師申克爾，更在後期修建了許多新古典主義的博物館及紀念性的建築。

第二個時期是「第三帝國首都」的柏林：該時期在希特勒的統治下，柏林雖然一方面迅速邁向「歐洲帝國之都」的計畫，卻同時也成為二次大戰時，盟軍最主要的攻擊目標城市，以致於戰後幾乎可以說是被滅城。第三時期「東西分治時期」的柏林，該時期又以柏林圍牆下東西柏林人的生活，作為當時全世界資本主義與共產主義最真實的對照及縮影。

今日，柏林以歐洲設計之都以及歐盟強國的國際大都會身分站在世界舞台上，不僅呈現出有如浴火重生後的新興氣息，他們也很樂於和世人藉由觀光分享他們的歷史、生活以及多元文化。因此在柏林做深度歷史之旅，是非常推薦的。

以下介紹柏林做為「第三帝國首都」開始的兩個時期的歷史主題行程，對於世界歷史有興趣的旅人，可以快速地知道哪些景點是非去不可的喔！

老博物館是新古典主義建築的代表作品之一

柏林圍牆是東西柏林分治時期最重要的歷史遺跡

第三帝國與納粹期時
Zeit des Nationalsozialismus, 1933 ～ 1945

威瑪共和國(1919～1933)共和憲政制的失敗，也就是由納粹德國的勝出，柏林在希特勒的帶領下，成為納粹帝國的首都。隨後黨衛軍總部的成立，在納粹統治高峰時期，特務員的數量達到2萬多人。在德國境內、外有許多反對納粹的個人及小組織不斷地出現，這些力量最後被統稱為「德國抵抗運動」並被世人紀念著。

在這段期間，最令世人髮指的就是希特勒所主導的「猶太人大屠殺」種族滅清行動。無數的猶太人受到迫害，陸續被送往各地的集中營，被以各種不人道的方式結束生命。藉由事件相關的建築物、文物的保存與紀錄，今日的德國政府肩負起歷史的責任，與世人一同永遠悼念因戰爭而犧牲的無辜受害者。

景點推薦：
恐怖地形圖 (Topographie des Terrors)

博物館位於黨衛軍及蓋世太保(Gastapo)總部的舊址上，而黨衛軍和蓋世太保正是納粹德國時期，希特勒統治德國最有利的工具，他們的行徑讓人民聞風喪膽。二戰後，這裡一度成為廢墟，經過重建及文獻資料重整，為第三帝國時期重要的歷史博物館之一。(P.147)

德國抵抗運動紀念中心 (Gedenkstätte Deutscher Widerstand)

在第三帝國時期，仍有英勇反抗納粹統治的德國人民與組織。然而這些反抗力量不是太小就是孤立無援，抵不過黨衛軍的勢力，最終有大部分的反抗的人民遭受到處決。他們的犧牲代表德國理性不盲從的精神，在戰亂時期仍存在，並且為後人所紀念著。(波茨坦廣場，http gdw-berlin.de)

1.2.恐怖地形圖紀念館內一景及館外露天展覽站點 / **3.**薩克森豪森集中營入口處 / **4.**集中營內，曾有27位反法西斯主義的抵抗分子在這裡被黨衛軍殺害 / **5.**歐洲被害猶太人紀念

歐洲被害猶太人紀念碑
(Holocaust-Mahnmal)

　　紀念碑位於柏林市中心，廣場上有2,000多個高低大小不同的仿墓碑式的立方柱，紀念於二戰期間在歐洲被殺害的猶太人。這是一個令人反思戰爭、並且記錄下人類傷害的景點，在參觀時，我們都該懷著嚴肅看待歷史傷痛的心情，真正體會和平的價值。(P.57)

薩克森豪森集中營
(KZ Sachsenhausen)

　　1934年黨衛軍接管了這個集中營後，一開始作為囚禁大量政治犯的地點，隨後就變成了納粹時期執行猶太人種族滅絕的場所。數以萬計的猶太人在這裡死於飢餓或是疾病。(P.176，177)

萬湖會議別墅
(Haus der Wannsee-Konferenz)

　　這裡是納粹德國在1942年時，簽下〈猶太人問題最終解決方案〉的場所。萬湖會議別墅現已成為一個紀念館，收藏及記錄許多當時的相關文獻及珍貴照片。(P.167)

塞西琳霍宮(Schloss Cecilienhof)

　　最後一個重要的二戰歷史景點即是在位於波茨坦塞西琳霍宮。持續6年之久的第二次世界大戰，終於在1945年，由同盟國在此召開波茨坦會議，對當時已投降的納粹德國做戰後處置的討論，以及商討對在遠東的日本帝國招降之事宜。(P.184)

冷戰與柏林圍牆
Kalter Krieg,1947～1989，
Berliner Mauer 1961～1989

同盟國國家美、英、法、蘇四國在二戰結束後，以勝利者的姿態軍事占領德國，這時的德國則在外來政權下重建家園。直到1949年美、英、法三國將3個占領區合併為德意志聯邦共和國，成立西德，並與東德對立。然而當時在「柏林戰役」大獲全勝的紅軍，照理說整個柏林在戰後都是蘇聯的，所幸其他同盟國立即察覺不對勁，積極參與首都的戰後重新分配，才不致於讓柏林全城市落入蘇聯之手。然而，這卻讓柏林的天空自此分裂了將近半個世紀。

1.柏林圍牆遺址 / 2.淚宮內一景 / 3.淚宮外觀雖然新穎，內部之展覽對老一輩的柏林人，卻有著特殊的意義

柏林圍牆紀念地
(Gedenkstätte Berliner Mauer)

冷戰時期，柏林圍牆阻擋得了人民的行動，卻阻隔不了牆內外兩方人民的相互思念以及對自由的渴望。有些人用生命翻越這道牆，有些人用文字，有些人則是用藝術。所有因為這道牆而產生的歷史事件及故事，都被收藏在一旁的文獻紀念館。(P.104)

淚宮(Tränenpalast)

腓特烈大街站曾經是東、西柏林人出入境的車站，在車站內每日都上演著不同的離別場景。而位於腓特烈大街車站旁的淚宮博物館，像是收藏當時人們傷心的眼淚般地，將車站相關的紀錄、文獻資料以及大大小小的故事收集起來，並重現當年車站內出入境檢查的設備。(P.58)

Berlin Travel Plans

DDR博物館(DDR Museum)

東德雖然已經不復存在，但是它仍是許多東柏林人生命中的一部分，從街道上的特拉比轎車(Trabant)，到家中客廳收音機以及書桌上的檯燈等，該時期特有的生活用品、文物，都可以在DDR博物館看到。(P.81)

二戰空橋紀念碑(Luftbrückendenkmal)

西柏林封鎖期間，因陸上交通被切斷，人民無法取得民生物資及食物，因此美軍在滕珀爾霍夫機場，以平均每90秒就有一架直升機的頻率，空投下物資。為期1年的柏林空橋計畫最後成功，東德開放部份陸上交通。該紀念碑紀念著服務於柏林空橋運送物資，而喪失生命的軍人們。(P.134)

史塔西博物館(Stasimuseum)

東德國家安全局如同蘇聯時期的KGB，在當時就像「老大哥」(Big Brother,《1984》，George Orwell)一樣監視人民生活中的一舉一動，只為了確保人民對黨的忠誠。這些監視過程，全部都以文字、照片及聲音檔案紀錄了下來。博物館內同時亦收藏了當時監控人民所使用的工具及設備。(P.149)

史塔西監獄(Stasigefängnis, Berlin-Ho-Hohenschönhausen)

史塔西監獄位於東德國家安全局北方不遠處，是當時最主要的拘留中心。DDR時期，這裡已經拘留了超過1萬多人。其中包含1953年6月17日大罷工的領導人，以及其他不同時期的政治犯或從東柏林逃走失敗的人。(P.149)

4.有著「飢餓之耙」(Hungerkrake)之稱的空橋紀念碑 / 5.史塔西監獄內一景 / 6.東邊畫廊結合了歷史遺蹟及當代藝術創作

東邊畫廊(East Side Gallery)

1989年東西柏林合併後，這座長度約1.3公里的圍牆，最先被人們自由地塗鴉。後來政府當局乾脆請一些知名的塗鴉藝術家操刀，為這面圍牆留下一面又一面具有歷史及藝術意涵的畫作。(P.140)

柏林
分區導覽

米特區
Mitte

米特區(Mitte)在中世紀時，即是柏林城的發跡地點，
不僅在地理位置上處柏林中心(德文Mitte即是中心的意思，又稱中央區)，
同時也是德國政治及世界文化藝術的核心。
在這裡有生氣蓬勃的街頭藝術氣息、各式特色建築，
而柏林坎坷的歷史命運，也深深地刻畫在每一個角落裡。

米特區

Chay Viet

Katz Orange

Kopps

杜斯曼書香文化之屋
Dussmann,
Das Kultur-Kaufhaus

Oranienburger Tor

涙宮
Tränenpalast

愛因斯坦咖啡
Café Einstein
Unter den Linden

Johannisstraße

Ziegelstraße

Oranienburger Straße

洪堡大學
Humboldt
Universität zu Berlin

Berlin Huauptbahnhof

Friedrichstraße

Turbolskystraße

德國歷史博物館
Deutsches
Historisches Museum

Hugo-Preuße-Brücke

Kapelle-Ufer

Reinhardtstraße

Albrechtstraße

Am Werdendamm

Plänckstraße

Geschwister-Schcll-Straße

Am Kupfergraben

Willy-Brandt-Straße

德國總理府
Bundeskanzleramt

Luisenstraße

Marienstraße

Friedrichstraße

Am Zeughaus

Otto v. Bismarck-Allee

Schiffbauerdamm

Georgenstraße

Universitätsstraße

往 Zur Letzten Instanz

Bundestag

Paul-Löbe-Allee

Reichstag-Ufer

Dorotheenstraße

Glinkastraße

Schadostraße

Mittestraße

Charlottenstraße

Friedrichstraße

Niderlagstraße

Unterwasserstraße

Oberwallstraße

德國國會大廈
Reichstag/
Bundestag

Heinrich-Gagern-Straße

Scheidemannstraße

Unter den Linden

菩堤樹下大街
Unter den Linden

Werderscher Markt

巴黎廣場
Pariser Platz

歐盟執行委員會德國代表處
Die Vertretung der
Europäische Kommission

老佛爺百貨
Galeries Lafayette

Straße des 17. Juni

Behrestraße

Neustädtische Kirchstraße

Französischestraße

Ritter Sport 繽紛巧克力世界
Ritter Sport Bunte
Scholowelt Berlin

布蘭登堡門
Brandenbrug Tor

Gertrud-Kolmar-Straße

Jägerstraße

Markgrafen Straße

Bhf
Hausvogteiplatz

歐洲被害猶太人紀念碑
Denkmal für die ermordeten
Juden Europas

Hannah-Arandt-Straße

Mauerstraße

Taubenstraße

Stadtmitte

御林廣場
Gendamenmarkt

Ebertstraße

Ministergärten

An der Kolonnade

Mohrenstraße

Kronenstraße

Jerusalemer Straße

Lennéstraße

Voßstraße

腓特烈大街
Friedrichstraße

德國羅莳巧克力屋
Rausch Schokoladenhaus

Belleuestraße

Augustiner am Gedarmenmarkt

Leipziger Straße

Krausenstraße

Schutzenstraße

Potsdamer Platz

Wilhelmstraße

特拉比博物館
Trabi Museum

Zimmerstraße

查理檢查哨
Checkpoint Charlie

多元柏林創意之屋
Vielfach Berlin-Das Kreativkaufhaus

Kochstraße

Kochstraße

Rudi-Dutschke-Straße

東妮小姐香水
Frau Tonis Parfum

巴黎廣場
Pariser Platz

國際級的外賓接待大廳

✉ Pariser Platz, 10117 Berlin | 💲 參觀免費 | ➡ 搭乘S1、S2、S25、S55到Brandenburger Tor，或U6 到Französische Straße，出站即達目的地；巴士100、147、200、TXL至Unter den Linden/Friedrichstr.站，下車即達目的地 | ⏰ 0.5小時 | http www.berlin.de/sehenswuerdigkeiten (輸入Pariser Platz) | MAP P.49

　該廣場位於勃蘭登堡門前，建造於1734年。1814年為慶祝普法戰爭的勝利，普軍占領了巴黎，該廣場隨即被命名為「巴黎廣場」。在冷戰期間，廣場上橫跨著柏林圍牆而一度成了無人荒地。現在廣場擁著廣大的腹地，四周坐落著美國與法國駐德國大使館、德國商業銀行以及阿德隆大酒店等重要商辦大樓。

1. 巴黎廣場夜景 / **2.** 巴黎廣場上每到節日就都是滿滿的人潮

菩堤樹下大街
Unter den Linden

華麗優美的林蔭步道

✉ Unter den Linden, 10117 Berlin | 💲 參觀免費 | ➡ 搭乘S1、S2、S25、S55到Brandenburger Tor，或U6 到Französische Straße，出站即達目的地；巴士100、147、200、TXL至Unter den Linden/Friedrichstr.站，下車即達目的地 | ⏰ 0.5小時 | MAP P.49

　西起布蘭登堡門旁的巴黎廣場，向東延伸至宮殿大橋的菩提樹大街(音譯又稱：林登大道)，最初只是通往柏林城宮一條騎馬的專用道路。16、17世紀，此路陸續被擴建，選帝侯腓特烈威廉大帝當時在這條路上，同時種植了菩堤樹及核桃樹，最後只有菩堤樹成功地存留下來，此道路也因此被命名。沿著今日的菩堤樹大街往東走，會經過洪堡大學、德國歷史博物館，以及博物館島上的盧斯特花園，以及柏林大教堂等其他重要景點，全長共1.5公里，不僅是城市中最優美的散步步道，同時也是柏林市區最重要的大道之一。

從大街向東望去即可看到柏林電視塔

從影集《林登大道》及《阿德隆飯店》看柏林 玩家交流

2005年的德國影集《林登大道》(Unter den Linden)，描寫20世紀初期柏林一家知名巧克力商的家族興衰史，透過男主角(家族長子)和其家僕之間微妙的感情發展，勾勒出當時社會上層與下層的生活差異。拍攝地點常以柏林菩提樹下大街周圍為戶外場景。

而另一部2013年的短篇電視影集《阿德隆飯店》(Das Adlon. Eine Familiensaga)，則是以阿德隆飯店為背景，桑尼亞夏德為故事女主人，透過她的描述，道出阿德隆家族(虛構)如何一手打造這個國際級的飯店。影片以時代劃分為3大部分，3個時代巧妙地將阿德隆飯店的命運和德國重要的歷史事件做結合(第一次世界大戰、威瑪時期及第二次世界大戰～之後)。該飯店在歷史上曾經接待過伊利莎白女皇、美國前總統歐巴馬等重要名人。

德國阿德隆百年飯店

御林廣場
Gendarmenmarkt
夏日的露天古典音樂廣場

✉ Gendarmenmarkt, 10117 Berlin │ 💲參觀免費 │ ➡搭乘U6到Stadtmitte站或是Französische Straße站下車(廣場在兩站之間)；或是搭乘巴士147線在Französische Straße站下車，找到Jägerstraße直走至Charlottenstraße，搭即可看到目的地 │ ⏱0.5小時 │ 🌐 www.visitberlin.de/de/gendarmenmarkt │ 🗺 P.49

以18世紀最有名的普魯士騎士團Gens d'Armes命名的Gendarmenmarkt，有著柏林最美麗的廣場之稱。廣場上3個主要的建築物，以北側的法國大教堂先完工，一開始作為Hugenotten(胡格諾派，是法國新教)移民教友的教堂。

後來，才由腓特烈大帝在廣場南側為路德教派，再蓋一座專屬德國路德教派的教堂，今日為「德國民主之路」展覽會館。最後建造的則是兩座教堂中間的法國戲劇院(今日為柏林音樂廳)。廣場中央有德國著名詩人席勒(Friedrich Schiller)的雕像，雕像下方為富有想像力喻意的4位女性雕塑，分別為歷史、抒情詩、悲劇及哲學，代表著這位思想家全方位的才華。

1.廣場上席勒雕像 / **2.**由普魯士時期新古典建築師 Karl Friedrich Schinkel一手打造的御林廣場

布蘭登堡門
Brandenburger Tor

普魯士的勝利拱門

✉ Pariser Platz, 10117 Berlin │ $參觀免費│ ➡
搭乘S1、S2、S25、S55到Brandenburger Tor，
或U6到Französische Straße，出站即達目的地；
巴士100、147、200、TXL至Unter den Linden/
Friedrichstr.站，下車即達目的地／Römer，往南
邊Bendergasse出地鐵站即是目的地│🕐 0.5小時
│http www.brandenburg-gate.de │MAP P.49

1788年普魯士王國下令建造一個新古
典主義風格的和平紀念碑，以雅典衛城
的門樓(Acropolis of Athens)作為範本，使
用的是天然石材建築，在3年後打造出一
個高26米、寬26米以及深11米的國家級
建築。

城門上的四馬雙輪戰車銅像，青銅馬車
上勝利女神維多利亞的雕像，高舉著代表
普魯士的雄鷹及鐵十字勳章的長矛，重
新被矗立在城門上。它雖然曾一度落入
拿破崙的手中，不過終於還是在1814年
被普魯士軍隊贏了回來。

二戰後，柏林圍牆橫跨在城門前的廣
場，見證了柏林東西分治30多年的歷史，

1.布蘭登堡門／2.羅馬戰神瑪爾斯／3.智慧女神密涅瓦／4.仿希臘時期的多立克式柱

直到1989年。今日的布蘭登堡門，仍象
徵昔日普魯士王國的勝利、冷戰時期的
分裂以及德國自由民主統一的精神。

城門一共有6個高15米、直徑為1.75米
的多立克式柱，兩側的門樓有著羅馬戰
神瑪爾斯(Mars)，以及帶槍的智慧女神密
涅瓦(Minerva)，柱子側面設計有代表榮
耀的希臘英雄赫拉克勒斯之英勇戰事的
浮雕。

洪堡大學
Humboldt Universität zu Berlin
現代大學之母

✉ Unter den Linden 6, 10099 Berlin | ☎ 030209370333 | 💲參觀免費 | ➡搭乘巴士100、200至Staatsoper站 | ⏳0.5小時 | http www.hu-berlin.de | MAP P.49

超過200年歷史，坐落於柏林市中心的洪堡大學，根據其創校者：普魯士外交官、教育家威廉・馮・洪堡的理念，結合教學與研究，維持科學的自由度，讓洪堡大學成爲現代歐洲大學中的典範，並有著「現代大學之母的美名」。該校

主要的研究領域爲人文科學類，如文學、哲學及社會學，法學院亦是享有盛名。卡爾・馬克思及恩格思是這裡的學生，愛因斯坦曾教學於此。

校區全年開放參觀，也可以報名參加付費導覽行程。而若想要進一步了解這位偉大的哲學家、教育家洪堡，在柏林北方的泰格爾宮，是洪堡兄弟的出生地。目前仍住著其家族的後代，部分的空間則規畫爲博物館，開放預約式參觀。

1.洪堡大學及前方的蓓蓓爾廣場／**2.**洪堡大學立式雕像爲著名的德國物理學家：赫爾曼・馮・亥姆霍茲
(1.2.圖片提供／©Adrien Barbaresi)

旅行小抄

蓓蓓爾廣場(Bebelplatz)
1933年5月納粹分子在這個廣場上焚燒了近2萬本書，其中包含了如佛洛伊德、馬克思的著作，以及其他當時被認為是反叛思想的書籍。這個事件普遍被認為是接下來數年，第三帝國之惡行的序曲。廣場上有一個透明玻璃區塊，透過玻璃可以看到許多書架，但卻沒有任何一本書，此設計，是爲了紀念當時的焚書事件。廣場四周的建築物分別為柏林國立歌劇院(Staatsoper Unter den Linden)、公主宮(Prinzessinnenpalais)，以及柏林舊圖書館(Alte Bibliothek, Berlin)。

廣場地上的紀念碑上引用了著名德國猶太詩人Heinrich Heine的警言：「這只是序曲而已，有焚書地方，最終亦會焚人。」(圖片提供／©Adrien Barbaresi)

德國國會大廈
Reichstag

「獻給德意志人民」(Dem Deutschen Volke)

✉ Platz der Republik 1, 11011 Berlin｜☎ 0302-270｜🕒08:00～24:00(最後進入時間22:00)；天台12/24全日開放，12/31開放至16:00；圓頂不開放日3/13～17、7/3～7、7/17～21、10/9～13｜💲免費｜➡搭地鐵U55至Bundestag站，下車即達。或是搭車至勃蘭登堡門後，往北方步行數分鐘即達｜⌛1小時，參加導覽約2小時｜http www.bundestag.de｜❓導覽需先上網預約，可以現場登記，排隊時間視現場人數而訂(通常要等30～60分鐘)｜MAP P.49

國會大廈建於19世紀末(1871年普法戰爭結束後)，歷時約10年才完工。整體以義大利和德國的文藝復興藝術為設計理念，最著名的莫過其屋頂的穹形圓頂。今日所看到的圓頂，是在1992年由英國建築師諾曼‧福斯特(Norman Foster)重新設計建造的。

該景點最著名的歷史事件分別是1933年的「國會大廈縱火案」，代表威瑪共和時期(德國民主)的結束；以及在1945年，蘇聯紅軍於柏林大勝納粹軍隊後，隨及在國會大廈的廢墟上插上紅軍的勝利旗，並在現場留下的自己的名字以及塗鴉。冷戰期間，國會大廈被忽略長達數十年，直到1990年東西兩德在這裡簽下了〈統一條約〉後，這裡才重新獲得重視，並且再被指定為新的德國國會大廈。

1.導覽行程結束後，可以自行上圓頂參觀 / 2.國會大廈宣示著國家的民主、公民的自由

旅行小抄

預約參觀國會大廈

1. 線上預約：2天前在國會大廈官方英文網站預約。預約後會收到一封初步確認信，過1～2天才會收到正式的確認信(Ihre Bestätigung)。參觀當日提早約30分鐘帶著護照及確認信，至國會大廈前方的旅客參訪中心(Besucherzentrum)報到即可。
http www.bundestag.de/en (進入後選visit-Guided Tours，右方的Online registration)

2. 現場預約：入場前2小時，帶著護照在國會大廈南側的服務站點登記即可。
🕒08:00～20:00

參觀國會大廈是柏林旅遊的重點行程之一，觀光客非常得多，最好選擇線上預約的方式

免費體驗360度的歐盟開會實況

玩 家 交 流

在巴黎廣場旁，菩提樹下大街78號設立了歐盟執委會德國代表處。1樓展示區內有親切的服務員提供英、德語解說歐盟歷年來重要的紀事，同時設置360度全景模擬會議室，讓民眾參與開會實況及決議過程，大家可以一同認識這個歐洲聯盟區域性經濟合作的國際組織。

1.民眾在全景模擬會議室裡，專心地了解歐盟各國會員開會的實況 / 2.1樓醒目的歐盟圖案篷布下，迎接著來自世界各地的遊客

德國總理府
Bundeskanzleramt

總理的洗衣機

✉Willy-Brandt-Straße1, 10557 Berlin│📞030182722720│🕐不對外開放│➡搭地鐵U55至Bundestag站，下車即達。或是搭車至勃蘭登堡門後，往北方步行數分鐘即達│⏳0.5小時，參加總理府開放日則視現場活動而定，大約2小時│🌐www.bundesregierung.de│❓於開放日參觀總理府時，大人小孩皆可同行，須隨身攜帶有照證件以備查詢│🗺P.49

2001年完工的德國總理府，因為其外形像滾筒洗衣機，而被柏林人稱為是「總理的洗衣機」。總理府兩翼建築物為行政大樓，負責德國的內政及外交。每年8月底或9月底的「Tag der offenen Tür」是總理府對外開放日，民眾及遊客不用預約，就可以近距離和總理接觸，以及透過導覽一探總理府內部。

小巧而有效率的總理府，每個部門都緊密地運作著

德國歷史博物館
Deutsches Historisches Museum

一趟千年的歷史時空之旅

✉Unter den Linden 2, 10117 Berlin｜☎0302-03040｜🕐每日10:00～18:00；12/24、12/25休館｜💲一般票8€、優惠票4€；18歲以下免費｜➡搭乘巴士100、200、TXL在Staatsoper站下車，往施普雷河方向，步行約200公尺即可達目的地｜⏳2～3小時｜http www.dhm.de｜MAP P.49

前身為柏林軍械庫的德國歷史博物館，在17世紀時以巴洛克式風格被建造，是菩堤樹下大街最古老的建築物。19世紀末期，這裡被視為布蘭登堡－普魯士軍隊光榮的象徵。在東德時期，這裡被用作收藏及紀錄德國歷史的功能(從DDR的角度)。直到兩德統一後，才正式成為今日的德國歷史博物館。

博物館共分為兩館，主館內館藏8,000多件歷史文物，以時代為主題劃分，記錄著德國社會、政經以及人文文化千年來的發展演變。2006年後，博物館的綜合展覽以「德國歷史之圖像與見證」為主題，以多媒體的方式，解讀德國2,000多年的歷史，陳列物涵蓋了日常生活文化、軍事武器及藝術作品。一旁的博物館新翼則是於2004年建成，由「現代主義建築的最後大師」貝聿銘所設計，新翼館以大量玻璃建造，其透明度、光線以及流線型的設計，以現代的建築風格和德國歷史做對應。館內亦會不定期舉辦各式主題展覽。

參觀重點
1. 老盧卡斯‧克拉納赫的《馬丁路德畫像》(Gemälde Martin Luthers von Lucas Cranach Ä.d.，1529)
2. 滑鐵盧戰役歷史遺物《拿破崙的雙角帽》(Relikt aus der Schlacht von Waterloo: Napoleons Zweispitz，1815)

1.德國歷史博物館入口處 / **2.**《馬丁路德畫像》/ **3.**促成德意志帝國統一的鐵血宰相奧圖‧馮‧俾斯麥雕像

歐洲被害猶太人紀念碑
Holocaust-Mahnmal

紀念二戰受害猶太人

✉Cora-Berliner-Straße 1, 10117 Berlin Tiergarten｜☎03026394336｜🕐紀念廣場隨時免費參觀。服務中心開放時間：4～9月週二～日10:00～20:00；10～3月週二～日10:00～19:00，週一休館｜➡搭乘U2至Mohrenstraße站，或是巴士200號、M48、M85。下車後均走Wilhelmstraße左轉Hannah-Arendt-Straße，走至Cora-Berliner-Straße即達目的地｜⏱0.5～1小時｜🌐www.holocaust-mahnmal-berlin.de｜❓因紀念碑歷史背景較為沉重，近年來遊客們在該景點以玩樂的心情自拍，成為較受爭議的話題，建議在行前對景點歷史有初步的了解，再以較合宜的心情參觀｜MAP P.49

德國聯邦議院在1999年時，決議在勃蘭登堡門不遠處，規畫出占地約19,000平方公尺的紀念地，目的是追悼在納粹時期被殺害的猶太人，同時告誡世人反戰的重要性，以及德國人對歷史負責的態度。此紀念廣場在2005年落成，廣場上有著2,711片相同長寬（長0.95公尺、寬2.35公尺），但不同高度的仿墓碑水泥立方柱，並由這些立方柱陳列出一個如同迷宮般的廣場。乍看之下可能有點簡樸呆板，但若走進碑群、穿梭在一條條細長的走道中，伴隨心中回想起的歷史事件，一股幽閉、灰暗及抑鬱的感觸將會油然而生。

知識充電站 何為Holocaust-Mahnmal

Holocaust一詞來自於希臘文，有用火焚燒祭祀之意，在英文及德文是「大屠殺」的意思。猶太人稱其為浩劫(Shoah)，代表1933～1945年納粹德國對猶太人所進行的種族滅絕的行動。1960年起，這個詞即被轉用為特指「猶太人大屠殺」。這場人為的浩劫教訓，直到21世紀初仍然為世人所警惕。

歐洲被害猶太人紀念碑所在地曾是希特勒的大臣們之官邸。21世紀初，由美國建築Peter Eisenmann設計，在這今日看來是柏林米特區的黃金地段上，建造這個如足球場面積大的紀念廣場，可見德國人對於歷史事件的重視與反思的態度。

電影《美麗人生》、《辛德勒名單》、《安妮的集中營》以及《為愛朗讀》等，都是以納粹德國時期，猶太人大屠殺為背景的相關影片，影片主角受到時代影響而不能改變命運，但是也呈現出他們在希望與絕望中努力生存的一則又一則動人的故事。

紀念廣場上沉重的氣氛，提醒世人和平的重要性

腓特烈大街 Friedrichstraße

筆直的腓特烈大街，北自Oranienburger Tor，大約在大街1/2的地方，與菩提樹下大街交會，繼續向南延伸，經過地鐵Stadtmitte站、查理檢哨站(Checkpoint Charlie)，最後至Mehringplatz。

腓特烈大街在19世紀初，已經是柏林火車站及通往柏林郊區火車路線的重要交通樞紐；在冷戰期間，以查理檢哨站將大街一分為二，以北屬東柏林、以南屬西柏林。該車站成了東西柏林出入境之邊境車站。今日，大街上不但保留許多歷史景點，該區早已經是德國首都重要經濟商業區，許多國際知名品牌的德國旗艦店，以及大型購物中心都在這裡駐點，是米特區的重點景點之一。

淚宮
Tränenpalast

傷心的出入境大廳

✉Reichstagufer 17, 10117 Berlin │ ☎030467-777911 │ ⏰週二～週五09:00～19:00、週末及假日10:00～18:00；週一休館 │ 💲免費參觀 │ ➡搭U6至S+U Friedrichstraß站下車；S1、S2、S25、S5、S7、S75至S+U Friedrichstraß站下車；Tram M1、12至S+U Friedrichstraß站下車。下車即達目的地 │ ⌛0.5～1小時 │ http www.hdg.de/traenenpalast │ MAP P.49

在柏林圍牆築起一年後，腓特烈大街車站旁建造了一個東、西柏林邊境出入境檢查站。在這個檢查大廳裡，有著嚴密的監控及邊境檢控系統。當時東柏林人行李裝滿的是對西柏林自由的渴望，卻也在此留下了與東柏林親友離別的眼淚。今日的淚宮設有免費參觀的常態展，以超過500多件的文物資料以及許多柏林人的回憶故事。

在淚宮可以了解邊境檢查的過程

特拉比博物館
Trabi Museum

DDR時期的Volkswagen

✉ Zimmerstraße 14-15, 10969 Berlin │ ☎ 03030-201030 │ 🕐 10:00～18:00 │ 💲 一般票5€、12歲以下兒童免費 │ ➡ 搭U6至Kochstraße站下車，找到Friedrichstraße，往北走至Zimmerstraße，再往東走數分鐘即達目的地 │ ⏱ 0.5～1小時 │ 🌐 www.trabi-museum.com │ 🗺 P.49

　Trabi是德國人對東德時期Trabant汽車的暱稱。在當時極高的需求量下，購車者最久需要等上10～12年才能領得到車。2013年終於在柏林成立了Trabi博物館，民眾不僅可以看到大約15款不同的Trabi車型，也可以親身體驗來一趟75分鐘的柏林城市Trabi Safari。

1.2.3.4.5.特拉比博物館收藏著許多前東德時期人對Trabant的回憶(圖片提供/© East Car Tours GmbH & Co. KG)

查理檢查哨
Checkpoint Charlie

邊境檢查站

✉ Friedrichstraße 43-45，10969 Berlin │ ☎ 030467777911 │ 🕐 24小時 │ 💲 免費參觀 │ ➡ 搭乘U6至Kochstraße站，或是U2至Stadtmitte站，下車即達目的地 │ ⏱ 不參觀博物館為0.5小時，參觀附近的博物館或展覽為約2～3小時 │ 🗺 P.49

　1961～1990年，柏林一共有14個檢哨站。在柏林市區內蘇美邊境共3個，分別以北約音標字母Alpha、Bravo和Charlie命名。規畫東西柏林邊界時，該地點相當於一個死胡同，於是只好在這裡設立一個檢哨站，當時只有外交官或是同盟國的軍事幹部人員才能夠通行。原本的檢哨站已於1990年被拆除，今日看到的為複製品。其周邊有許多值得一訪的博物館及紀念品店。

現今站哨軍人的任務比以往輕鬆許多了

查理檢查哨附近景點

1. 查理檢查哨攝影展(Checkpoint Charlie Gallery)

這裡可以看到約175幅以檢哨站邊境歷史為主題的露天攝影展(在Friedrichstraße, Zimmerstraße與Schützenstraße之間)。

2. 圍牆博物館(Mauermuseum Haus am Checkpoint Charlie)

柏林圍牆築起的一年後,圍牆博物館在Rainer Hildebrant的籌畫下,於邊境查理檢哨站旁成立,可以說是與柏林圍牆一起寫歷史的博物館,裡面記錄了圍牆下最真實的生活。那些成功逃離東柏林的人,在這裡留下他們的故事,並且將其在逃難東柏林時使用的工具留給博物館,如假護照、熱汽球、汽車以及各種準備逃生用的行李箱。

✉ Friedrichstraße 44
🌐 www.mauermuseum.de
🕐 09:00～22:00

3. 冷戰黑盒子(BlackBox Kalter Krieg)

冷戰黑盒子展出1961年後東西德國及柏林正式以圍牆分裂,並且在歷史原址上的裝甲對抗,亦結合當時北韓及古巴危機事件,呈現二戰後資本主義與共產主次不同角度之歷史觀點。展內共有16個多媒體區、一個小型電影院、相關歷史文件以及原始的文獻。

✉ Friedrichstraße 47
🌐 www.bfgg.de/zentrum-kalter-krieg/black-box-kalter-krieg
🕐 10:00～18:00

4. 阿西西環景圖展覽館(Die Mauer - Asisi Panorama)

藝術家Yadegar Asisi以製作360度環景油畫為名,在查理檢哨站一旁,有他以「柏林圍牆」為主題,繪製出的一幅高15公尺、周長60公尺的1980年代柏林全景油畫。

✉ Friedrichstraße 205
🌐 www.asisi.de/locations/berlin
💲 4～10€
🕐 10:00～18:00

對於阿西西的藝術作品有興趣的人一定要來看

在圍牆博物館內也可以買得到相關紀念品

腓特烈大街購物

腓特烈大街全長共約3.3公里，在17世紀末時被稱為Querstraße(quer德文為橫跨的意思)。由北至南一共橫跨米特區主要東西向街道：菩堤樹下大街、法國街、萊比錫街以及錫碼街。

這裡曾經是威廉腓特烈大帝一世時，軍隊定期遊行的主要道路(至Tempelhofer Feld)，漸漸地兩邊的小街小巷開設了許多商家，腓特烈大街隨即成了柏林最具代表性的娛樂商業街。然而在第一次世界大戰後，其地位被庫姆達大街取代，更在1945年二次大戰時成為美軍空襲柏林的中心目標之一。

1989年後，這裡和波茨坦廣場一樣，成了許多資本主義者的投資目標，大街有2/3的區段都是重建的。今日，來自世界各地的大品牌、國際商業銀行、飯店及餐廳都在這裡設下了德國代表分店，和柏林西區的庫達姆大街互別苗頭。

腓特烈大街重點商店：

必參觀：Dussmann Kulturhaus、KPM Königliche Porzellan Manufaktur、Galeria Lafayette

紀念品、文創商品：Lifesmyle Store、I Love Berlin、Bürgelhaus、Erzgebirgshaus

服裝店：Allsaints、Superdry、Monki、Gerry Weber Edition Store、Brandy Brooks

鞋店：Görtz Schuhe、Shoe City

飾品店：Pandora、Juwellier Wempe in Berlin

食品、藥妝：Bio Company、Vitalia GmbH Bio BackHaus

其他：WMF、Samsonite Store

1.2.3.腓特烈大街是柏林主要的商業街之一

輕鬆坐遊柏林市區

　　許多歐洲遊客喜歡以搭乘觀光巴士的方式遊覽一個城市，如此一來，可以輕鬆又快速地欣賞市區內的重要景點。然而在柏林，一般的市區巴士也可以載著觀光客在大景點間穿梭，並且不需要另外付費(持市區內有效交通票即可)。因此，只要掌握好巴士停靠的站點，就可以愜意地坐遊柏林市區喔！

觀光巴士

　　在柏林旅行隨時可以看到觀光巴士在大街上穿梭，例如RED BUSES(www.redbuses-berlin.de)，還有City Circle

1.不同旅遊業者推出的旅行路線大同小異，行前可以多方參考 / **2.**觀光巴士Hop on and Hop off Bus / **3.**100路巴士行經柏林市區內最主要的景點

Tour(www.city-circle.de)等。這些觀光巴士行駛的景點和100、200路巴士大同小異，差別主要在於車上的多國語言導覽及舒適度，前者還提供了搭船遊施普雷河的路線。觀光巴士的一日券費用大約都要20€左右，而市區巴士只要日票7€(遊柏林AB區，適用所有交通工具)。選擇一般市區巴士或是觀光巴士則是看個人預算及行程規畫而定了。

巴士路線100路、200路、300路

　　市區巴士100、200路都有連結各大觀光景點。100路只行經市中心，從亞歷山大廣場至柏林動物園站。200路則是從普倫茨勞貝格區經過腓特烈斯海因－人民公園，經亞歷山大廣場再繞波茨坦廣場(100路不經過這裡)，最後亦回到柏林動物園。兩線巴士均為雙層巴士，上車後可以直接走到上層，享受柏林的景色，運氣好的話，還可以坐在第一排哦！柏林BVG並於2019年8月推出新路線300號，這條路線提供觀光客從市中心前往

前東柏林區的東邊畫廊更便捷的交通方式。起站為柏林愛樂(Philharmonie)經過波茨坦廣場、菩提樹下大街、東邊畫廊最後至華沙大街(Warschauer Straße)，詳請可上BVG官網查詢。

www.bvg.de/berlinsmitte

Bus 100 號景點	Bus 200 號景點
1.Alexanderplatz Bhf (S+U)/ Memhardstr.	1. Michelangelostr.
2.Spandauer Str./ Marienkirche	2. Stedingerweg
3.Lustgarten	3. Kniprodestr./Storkower Str.
4.Staatsoper	4. Conrad-Blenkle-Str.
5.Unter den Linden/ Friedrichstr.	5. Kniprodestr./Danziger Str.
6.S+U Brandenburger Tor	6. Am Friedrichshain/Hufelandstr.
7.Reichstag/Bundestag	7. Bötzowstr.
8.Platz der Republik	8. Am Friedrichshain
9.Haus der Kulturen der Welt	9. Mollstr./Otto-Braun-Str.
10.Schloss Bellevue	10. Mollstr./Prenzlauer Allee
11.Großer Stern	**11. S+U Alexanderplatz/Menhardstr.**
12.Nordische Botschaften/Adenauer-Stiftung	**12. Spandauer Str. /Marienkirche**
13.Lützowplatz	13. Berliner Rathaus
14.Schillstr.	14. Nikolaiviertel
15.Bayeuther Str.	15. Fischerinsel
16.Breitscheidplatz	16. U Spittelmarkt
17.S+U Zoologischer Garten/Jebensstr.	17. Jerusalemer Str.
18.S+U Zoologischer Garten	18. Leipziger Str. /Wilhemstr.
19.Hertzallee	19. S+U Potsdamer Platz
	20. Varian-Fry-Str. /Potsdamer Platz
	21. Philharmonie
	22. Tiergartenstr.
	23. Nord. Botschaften/Adenauer-Stiftg
	24. Corneliusbrücke
	25. Budapester Str.
	26. Breitscheidplatz
	27. S+U Zoologischer Garten/Jebensstr.
	28. S+U Zoologischer Garten
	29. Hertzallee

粗體字兩線皆有停，且為重要景點站 (製表／時小梅)　　　　　　2019.08.04 起

皇家級的可可世界

德國羅蒔巧克力屋
Rausch Schokoladen-haus

✉Charlottenstraße 60, 10117 Berlin | ☏0307578 80 | ◷巧克力屋週一～六10:00～20:00、週日11:00～20:00；巧克力咖啡廳11:00～20:00 | 💲巧克力咖啡廳：熱可可4,20～5€，餐點13～20€ | ➡搭乘U6 至Stadtmitte站下車，步行約2分鐘 | ⧗0.5～1小時 | http www.rausch.de | MAP P.49

　　位於柏林米特區地鐵站Stadt-mitte(U6)出口的羅蒔巧克力屋，在2018年創店百年之際，不但大幅修建原店面，在2015年時，早已由新一代的接班人重新調整腳步，離開超市業務，全力經營網路行銷(目前台灣大部分的購物網站也可以買得到)。同時他們更跳脫出中間業務(中間品質、中價位)，專心及堅持製作世界上最高品質的巧克力(價格相對也較高)，從可可種植園到生產，都嚴格把關。

　　在店裡可以看到由優質可可所製作出的精製勃蘭登堡門、柏林電視台等巧克力模型，在巧克力屋上有餐廳，可以喝上一杯純正的羅蒔熱巧克力，並享受柏林最美的廣場景觀：御林廣場。

巧克力屋2樓為落地窗座位

世界最齊全的古典樂CD

杜斯曼書香文化之屋
Dussmann, Das Kul-tur-Kaufhaus

✉Friedrichstraße 90, 10117 Berlin | ☏030202 51111 | ◷週一～五09:00～24:00，週六09:00～23:30，週日休息 | ➡搭乘S1、S2、S5、S7、S9、S25至S-Bhf Friedrichstraße站；地鐵U6至Friedrichstraße站；或是巴士100、147、200、N6、TXL至Unter den Linden/Friedrichstraße。以上方式到站後，沿Friedrichstraße走，找到90號即是，均步行5～10分鐘即可抵達目的地 | ⧗1～2小時 | http www.kulturkaufhaus.de | MAP P.49

　　在這人稱柏林誠品的杜斯曼書香文化之屋，其最引以為傲的就是擁有世界最大收藏量的古典音樂CD。在大門入口處，

偶有街頭古典音樂表演。館內有大量的書籍、有聲書、DVD以及CD，多元的主題、豐富的文化創意商品，讓人一進入後就流連忘返。

　　杜斯曼一共有5層樓，定期會舉辦作者讀書會、音樂活動以及政治論壇活動。這裡就像是柏林人及國際觀光客的世界之窗，是最重要的文化交流指標場所。

1.杜斯曼是喜好音樂的人必訪的景點／**2.**杜斯曼書香文化之屋是柏林最具指標性的大型書店

製訂個人香水
東妮小姐香水
Frau Tonis Parfum

✉Zimmerstraße 13, 10969 Berlin | ☎03020215 310 | 🕐週一〜六10:00〜18:00，週日休息 | 💲大約95€(50ml)/155€(100ml)起，視個人消費而定 | ➡搭乘U6至Kochstraße站，走到查理檢哨站後，左轉步行數分鐘即達。(在Trabi博物館旁) | ⌛0.5〜1小時 | 🌐www.frau-tonis-parfum.com | 🗺P.49

1.2.東妮小姐香水 (圖片提供／©Frau Tonis Parfum)

若是想要為自己的柏林旅行增添獨特的香味，可別錯過東妮小姐香水。柏林獨家製造的東尼小姐香水有著自己的香氛工作室，強調極簡主義理念，擁有專業的香水知識，提供來自世界各地

的香水愛好者不同的嗅覺旅程，一同製作量身定制的香水(製作時間1〜2小時)，而這些配方也都將會被保存。若想試試基本款香水，柏林之夏(Berlin Summer)和20世紀初德語界知名影星Marlene Dietrich鍾愛的純色紫羅蘭，都是不錯的選擇。

柏林手工禮物的最佳選擇
Vielfach Berlin-
Das Kreativkaufhaus

✉Zimmerstraße 11, 10969 Berlin | ☎03091484 678 | 🕐週一〜六10:30〜18:00，週日休息 | ➡搭乘U6至Kochstraße站下車，步行數分鐘即達 (離查理檢哨站約3分鐘的路程) | ⌛1〜1.5小時 | 🌐www.geschenke-berlin.com | 🗺P49

挑選獨特禮品送親友的人，千萬別錯過這裡。

柏林格子趣創意之屋，以格子出租的概念，吸引了許多柏林年輕文創設計者將其產品展示在一個又

一個的小陳列櫃裡。這裡有數百項文創小商品，從T-Shirt到手機殼，小抱枕到小飾品，以及各式各樣柏林紀念品，所有的商品都充滿了新奇的創意點子。想要

1.2.3. Vielfach Berlin店內有充滿無限創意的文藝商品 (圖片提供／©Vielfach Berlin)

美食餐廳

巨星級咖啡屋

愛因斯坦咖啡
Café Einstein Unter den Linden

✉Unter den Linden 42, 10117 Berlin Mitte │ ☎03 02043632 │ ⏰平日07:00～23:00，週末08:00 ～23:00 │ 💲早餐6～16€、主餐15～20€不等 │ ➡搭乘S1、S2、S25至Brandenburger站，或是 巴士100、200、TXL至Brandenburger站，下車 後均步行約5分鐘即可達目的地 │ ⏳1～2小時 │ 🌐www.einstein-udl.com │ MAP P.49

成立於1996年的維也納風格咖啡屋，由 於政商名流、文人學者或是演員藝術家都 是這裡的常客，許多觀光客慕名而來。愛 因斯坦咖啡旁是一間畫廊，不定期會有攝 影作品展，提供座上嘉賓更多元的藝文對 話主題。店內餐點除了有上等的咖啡，還 有手工蘋果餡奶酪卷(Apfelstrudel)。若參 觀完了勃蘭登堡門，先別急著到美式連鎖 咖啡店，多走幾步路，就可以品嘗到維也 納風味的咖啡及餐點。

1.愛因斯坦咖啡 / **2.**餐點Austrian cheese and cold cuts board / **3.**餐點Kaiserschmarrn(1.2.3.圖片提 供 / ©Robert Rieger)

巴伐利亞風味餐廳

Augustiner am Gedarmenmarkt

✉Charlottenstraße 55, 10117 Berlin │ ☎030204 54020 │ ⏰10:00～01:00 │ 💲沙拉8～16€、Wurst 特餐7～12€、主餐13～30€、午間套餐6,40€(每 週更換菜色) │ ➡搭乘U6至Französische Straßea 站或是Stadtmitte站(在兩站之間、御林廣場對面) │ ⏳1～2小時 │ 🌐www.augustiner-braeu-berlin. de │ MAP P.49

在柏林也可以體驗巴伐利亞州美食？ Augustiner Bräu 來自慕尼黑，是當地最 古老和最著名的私營啤酒廠(成立於1328 年)，以其高品質的原料釀製啤酒為名。 他們是歐洲少數仍堅持與穀物麥芽廠合 作的店家。店內餐點的特色莫過於提供5 種香腸的特餐及經典豬腳餐，再加上一 杯Augustiner啤酒，就是最道地的南德美 食了。

嚴選健康料理
Katz Orange

✉Bergstraße 22, 10115 Berlin │ ☏ 0309832084
30 │ ⏰18:00～隔日03:00 │ 💲前菜7～10€、主
餐17～18€ │ ➡搭乘S1、S2、S25、S26或是
巴士247路至Berlin Nordbahnhof站下車，走In-
validenstraße往東走至Bergstraße轉彎，步行數
分鐘即達目的地 │ ⌛1～2小時 │ http www.katzor-
ange.com │ MAP P.49

　　遠離市區的喧囂，Katz Orange位於中
心區東北方。餐廳強調食材的履歷來源
及品質，每季更換菜單，只和有相同理
念的廠商合作。特色餐點Duroc Schwein
Katz Orange非常值得一試。

素食者的越南菜體驗
Chay Viet

✉Brunnenstraße 164, 10119 Berlin │ ☏ 030484
94554 │ ⏰週一～五11:30～22:00、週末13:00～
22:00 │ 💲午餐套餐約5,90€，視個人消費而訂 │
➡搭乘U8至Bernauer Straße站或是Rosenthaler
Platz站，在兩站之間。下車後步行數分鐘即達 │
⌛1～2小時 │ http www.facebook.com/Chay-Viet-
396299613751797 │ MAP P.49

　　深受柏林當地人喜愛的越南菜餐廳，
尤其是素食者。合理的價格及道地的越
南口味，也很適合觀光客。不過上菜速
度較慢，建議選擇不趕行程的日子來嘗
鮮。

柏林素食主義時尚風
Kopps

✉Linienstraße 94, 10115 Berlin │ ☏ 030432097
75 │ ⏰週一～六18:00～00:00(晚餐Abendkarte
18:00～22:00)；週六及假日09:30～16:00(Brun-
ch)、週日09:00～16:00(Brunch) │ 💲前菜5～
12€、主菜18～21€ │ ➡搭乘U8至Rosenthaler
Platz站下車，沿Rosenthaler Straße往南走至
Linienstraße，步行約10分鐘後，在Koppenplatz
的對面(Ackerstraße與Linienstraße交會處) │ ⌛1
～2小時 │ http www.kopps-berlin.de │ MAP P.49

　　這是一間結
合餐廳及廚藝
教學的素食餐
廳。供餐時間
主要為晚上，

也有針對團體用餐的菜單設計，平時舉
辦不定期的活動。週末及假日供應早午
餐。選用當地及有機食材，符合柏林現
代人強調有機飲食的潮流。

1.適合素食者的健康料理 / **2.**適合多人一同用餐 / **3.**
可口的糕點(1.2.3.圖片提供 / ©Kopps)

博物館島及
亞歷山大廣場區
Museumsinsel & Alexanderplatz

博物館島上目前有5個最知名的博物館以及柏林大教堂，
再往南方走，則是全球矚目的焦點：柏林城市宮殿－洪堡論壇。
亞歷山大廣場，這裡曾經是中世紀時期柏林城市發展的重心，可以說是柏林的老城區；
直到二戰前，許多政商名流都在尼可拉街區一帶活動，
廣場上的柏林電視塔則是德國首都象徵性的地標建築。

博物館島及亞歷山大廣場

U U Weinmeisterstraße

Ic!Berlin flagship Store

Marcus-Bräu

Memhardstraße

Berliner Marcus Bräu

Dircksenstraße

Dolores Mitte

穀倉區+哈克雪庭院
Scheunenviertel +
Hackescher Markt

Oranienbruger Straße

Rosenthaler Straße

Neue Schön hauser Straße

S Hackescher Markt S

亞歷山大廣場
Alexanderplatz

柏林電視塔
Fernsehtrum

U Alexanderplatz

博德博物館
Bode-Museum

Burgstraße

Rochstraße

Gontardstraße

S

Alexanderplatz Bahnhof

佩加蒙博物館
Pergamonmuseum

Anna-Luisa-Karsch-Straße

Rosenstraße

ausberlin

斯菲爾餐廳
Dreh-Restaurant Sphere

柏林新博物館
Neues Museum

Bodestraße

老國家藝術畫廊
Alte Nationalgalerie

聖馬利亞教堂
St. Marienkirche

ALEXA

柏林老博物館
Altes Museum

Am Lustgarten

DDR博物館
DDR Museum

Gruner Straße

Karl-Liebknecht-Straße

海神噴泉
Neptunbrunnen

Spandauer Straße

Judenstraße

U Klosterstraße

柏林大教堂
Berliner Dom

Rathausstraße

柏林市政廳
Rotes Rathaus

柏林城市宮一洪堡論壇
Berliner Schloss-Humboldt Forum

Werderscher Markt

尼古拉街區
Nikolaiviertel

Brauhaus
Georgbraeu

最後的審判
Zur letzten Instanz

Neumanngasse

Breite Straße

Mühlendamm

Friedrichgracht

Bödestraße

Scharrenstraße

Gertrauden straße

Fischerinsel

HUMBOLDT FORUM

博物館島
Museumsinsel
UNESCO世界遺產

✉030266424242 (服務中心電話) | ➡搭巴士100號到 Lustgarten站下車，沿著Am Lustgarten路直走，就可以到老博物館，其他的博物館皆在附近可步行抵達 | http www.smb.museum | ⌛視參觀博物館數量而訂(每館可為約2～2.5小時) | MAP P.69
博物館島鳥瞰圖：P.81

1824～1930年，施普雷島的北端相繼建造了5間博物館。這個在島上成立5間博物館的計畫，在當時無疑是人類對歷史文明的重視，以及將理想實現化最有意義的里程碑。每間博物館的建築設計本身就是一項藝術品，館內收藏不同文明時期發展的文物及文獻，直到今日，博物館島一直是柏林最重要的歷史文化遺產。以下將針對五間博物館做介紹。

博德博物館
Bode-Museum
拜占庭時期文物及數位化錢幣收藏

✉Am Kupfergraben 1, 10117 Berlin Mitte | ⌚週一休館，週二、三、五、週末10:00～18:00，週四10:00～20:00 | $10€，優惠票5€ | MAP P.69

博德博物館(圖片提供／©Staatliche Museen zu Berlin　Bernd Weingart)

對拜占庭時期的歷史及藝術(西元3～15世紀)有興趣的遊客，可以選擇博德博物館參觀。雄偉壯麗、巴洛克式建築的博德博物館位於島的最北方，建立於1897～1904年。

館內展覽品涵蓋了大量的拜占庭宮廷藝術及雕塑作品，許多都是來自地中海地區。同時還有來自羅馬的基督教及異教的石棺及其殘片，另外還有東羅馬帝國時期華麗裝飾的雕塑作品。

館內第二大展覽系列則是中世紀歐洲、伊斯蘭東方的錢幣收藏。超過50萬件的貨幣、硬幣、勳章以及錢幣鑄製相關工具，年代從西元前7～20世紀，地點從歐洲至南美洲，博物館都完整地收藏，並且進行科學研究。目前大部分的錢幣收藏品已數位化，在Interaktiver Katalog des Münzkabinett網站(www.ikmk.smb.museum)上，也可以近距離觀賞無數珍貴的古代錢幣。

參觀重點：
1. Antonio Canova，古典主義雕塑《舞者》(Tänzerin) 1812
2. Pazzi-Madonna，大理石多納泰羅(Donatello)，1420
3. Jungfrau mit Kind盧卡德拉羅比亞釉面赤土陶器，1450

佩加蒙博物館
Pergamonmuseum
德國最重量級的博物館

佩加蒙博物館(圖片提供／©Staatliche Museen zu Berlin Maximilian Meisse)

✉Bodestraße, 10178 Berlin Mitte | 🕐週一～三、五、週末10:00～18:00，週四10:00～20:00 | 💲12€，優惠票6€ | 🗺P.69

佩加蒙博物館成立於1901年，並且在1910年後，花了大約20年的時間擴大及修健，以新古典主義的設計風格呈現在世人面前。它同時也是歐洲少數收藏了完整古代建築物的博物館。

該博物館主要展出古希臘羅馬時期歷史和文化藝術收藏品為主。館內又分為3個主要展覽(館)：1.古典文物收藏品展(Antikensa-mmlung)(此展部分文物陳列於柏林老博物館)、2.近東(西亞)館(Vorderasiatisches Museum)、3.伊斯蘭藝術博物館(Museum für Islamische Kunst)。

最重要的收藏莫過於佩加蒙祭壇，佩加蒙曾是希臘文化的中心，其雕塑藝術及建築在當時已具備高程度的發展。不過該廳目前適逢整修期間(2014～2023年)，其他展區如巴比倫和古伊朗古蹟區，亦是未開放的。若想要一睹際壇的風采，可以至網站3d.smb.museum/perga-monaltar，欣賞祭壇的3D模型。館內重要的收藏有西元前165年的米利都市場門、巴比倫時期的輝煌建築伊什塔爾門，以及前元前7～6世紀的阿勒波房間(伊斯蘭館)。

古典文物收藏展參觀重點：
1. 米利都市場大門(Markttor von Milet有開放)

近東(西亞)館參觀重點：
1. 伊什塔爾門(Ischtar-Tor有開放)
2. 遊行大街(Prozessionsstraße有開放)

伊斯蘭藝術館參觀重點：
1. 穆薩塔宮殘牆(Fassade des Kalifenpalastes aus Mshatta，8世紀)
2. 阿勒波房間(Aleppo-Zimmer)
3. 伊朗的祈禱壁龕(Mihrab，Gebetsnische aus dem Iran，1226)
4. 15世紀土耳其龍與鳳凰圖騰地毯
5. 開羅書法大古蘭經(1300)

1.米利都市場大門／2.伊什塔爾門／3.遊行大街／4.穆薩塔宮殘牆／5.阿勒波房間

71

柏林老博物館
Altes Museum

古典主義建築之典範

✉ Am Lustgarten 10178 Berlin｜🕐 週一休館，週二、三、五、週末10:00～18:00，週四10:00～20:00｜💲 10€，優惠票5€｜MAP P.69

柏林老博物館由普魯士知名建築設計師申克爾(Karl Friedrich Schinkel)以新古典主義風格打造，與柏林大教堂一同座落於盧斯特花園上。18個愛奧尼亞式的凹槽圓柱，一字排開，形成一個寬廣的前廊，走上大樓前台階，迎接參觀者的是1樓仿羅馬萬神殿的圓形大廳(Rotunde Raum)，以及許多古典時期的雕塑。

博物館1樓展出希臘時期(Griechen)的花瓶、石雕藝術品、珠寶飾品，2樓則是伊特魯里亞(Etrusker)及古羅馬時期(Römer)的文物藝術品，其中的特魯里亞文物展是義大利境外收藏物最豐富的地方。該館同時展出來自博德博物館錢幣展覽廳(Münzbabinett)的文物，例如重要的金牌、印章、郵票、紙鈔以及非錢幣形式的貨幣，還有造幣的工具。

希臘時期文物參觀重點：
1. 明亮的圓形大廳(Rotunde Raum)，上方方格狀的圓拱型屋頂(Kassettendecke)設計。內有古希臘羅馬的雕塑作品
2. 柏林女神雕像(Berliner Göttin，BC570)
3. 祈禱的男孩(Betende Knabe)
4. 端坐的塔蘭托女神雕像(Thronende Göttin von Tarent，BC475～450)

伊特魯里亞和羅馬時期文物參觀重點：
1. 記載著伊特魯里亞文字的銘文碑Tontafel von Capua
2. 情色藝術廳(Erotisches Kabinett)
3. Gaius Iulius Cäsar和Kleopatra雙人半身雕塑(Porträtbüsten，BC100)

---

1. 博物館大門上方寫著：「腓特列・威廉大帝三世捐贈了此博物館各種古物及藝術作品的研究。1828年」／**2.** 普魯士知名建築設計師申克爾(該雕像位於老國家藝術畫廊)

柏林新博物館
Neues Museum
島上最久遠的古文物

✉ Bodestraße 1-3, 10178 Berlin | 🕐 週一～三、五、週末10:00～18:00，週四10:00～20:00 | 💲12€，優惠票6€ | ᴹᴬᴾ P.69

　柏林新博物館成立目的是為了存放老博物館容納不下的收藏品。建造工程始於1841年，建築設計風格為晚期的古典主義，建築方法結合了當時工業社會的新技術，是19世紀末將工業化技術實現於建築方面上新的里程碑。這裡收藏了島上博物館中，歷史最久遠的古文物，它們來自遠東、北非至斯堪地納維亞，訴說著人類歷史的起源、史前及舊時器時代的歷史，以此和其他島上的博物館做區別。

　館內整合了9,000多件的文物，共分成了3個系列的展品：埃及博物館及莎草紙收藏品(Ägyptische Museum und Papyrussammlung)、史前及古代歷史館(Vorund Frühgeschichte)以及古典文物品收藏 (Antikensammlung)。世界知名、超過3,300年歷史的《古埃及皇后納夫蒂蒂半身塑像》(Nofretete)，放置展示於北側的大圓廳。另一個也是超過3,000年歷史的《柏林金帽》(Berliner Goldhut)則是可以在古代歷史館看到。

埃及博物館參觀重點：
1. 古埃及皇后納夫蒂蒂半身塑像(Nofretete)
2. 柏林綠頭像(Berliner Grüne Kopf，BC400)

史前及古代歷史館參觀重點：
1.柏林金帽(Berliner Goldhut，BC1000)
2.舊石器時代的石斧(Faustkeil，博物館內最古的文物，70萬年前)
3.尼安德塔人石化頭顱(Versteinerte Schädel eines Neandertalerjungen，4.5萬年前)

古典文物收藏品參觀重點：
克桑滕男孩青銅雕像
(Xantener Knabe，BC 100)

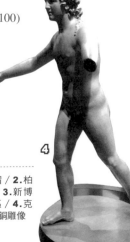

1.柏林金帽 / 2.柏林綠頭像 / 3.新博物館入口區 / 4.克桑滕男孩青銅雕像

老國家藝術畫廊
Alte Nationalgalerie

19世紀最重要的藝術作品

✉ Bodestraße 1-3, 10178 Berlin | ⏰ 週一～三
、五、週末10:00～18:00，週四10:00～20:00 |
💲10€，優惠票5€ | MAP P.69

1.博物館內一景 / 2.《沉思者》(原始雕像收藏於巴黎的羅丹美術館) / 3.雙人雕像《公主》/ 4.老國家藝術畫廊 (圖片提供 / © Maximilian Meisse) / 5.畫廊前方長廊

　柏林的國家藝術畫廊(Nationalgalerie)以老國家藝術畫廊為本館，其相關分館為：漢堡火車站－當代藝術博物館(Hamburger Bahnhof-Museum für Gegenwart - Berlin)、新博物館(Neue Nationalgalerie 2015年起全館整修，預計須時4～5年。)另外還有3個位於柏林不同區域的小分館，分別收藏著許多重要的畫作。

　老國家藝術畫廊建築外觀仿古希臘名城科林斯廟宇，矗立在前庭外的是腓特烈大帝四世青銅騎像。博物館於1867～1876年建成，裡面收藏19世紀時期最知名也最重要的繪畫及雕塑作品。藝術家如浪漫主義的卡斯巴·弗里德里希(Casper David Friedrich)、印象派畫家克洛德·莫奈(Claude Monet)、法國雕塑家奧古斯特·羅丹(Auguste Rodin)等許多作品都收藏於這裡。

參觀重點：
1. 雙人雕像《公主》(Prinzessinnengruppe 1795～1797) Johann Gottfried Schadow
2. Casper David Friedrich的畫作及《海邊和尚》(Der Mönch am Meer 1808～1810)
3. 《沉思者》(Der Denker 1881～1883) Auguste Rodin
4. 《鐵工廠》(Eisenwalzwerk, Moderne Cyklopen 1872～1875) Adolpf Menzel

博物館聯票

柏林有上百家博物館，若是安排一趟柏林博物館之旅，「博物館聯票」(Museumpass Berlin)絕對是最佳的選擇。票卡可以在網路上購買(shop.visitberlin.de)，並且從網路訂購後可以全球寄送；或是抵達柏林時，在旅遊服務處或特定博物館購票處購買，並同時索取聯票的簡章。

　　啟用前先在卡片背面寫上姓名及第一天的日期。聯票售價29€，聯票優惠/學生票為14,50€，連續3日內可以暢遊柏林30家以上的博物館，但票卡不含市區交通，大部分博物館週一休館。博物館收藏品眾多，可以在服務處索取平面圖，以利快速找到該館的重點文物所在位置。

http www.museumsportal-berlin.de/en

博物館聯票及博物館平面圖

柏林歡迎卡

柏林歡迎卡 (Berlin WelcomeCard)提供了48、72小時以及4、5、6日等不同的時效之方案，其中又分為是否有包含博物館島以及是否跨區至波茨坦市的票種。若是只有3天在柏林，那麼一張46€的套票(交通AB區+博物館島聯票)則是非常的划算。然而五天以上的行程，則建議買一張BVG的週票(交通ABC區含波茨坦37,50€)，再搭配一張博物館聯票(29€，3日有效)，集中3天的時間參觀博物館。柏林歡迎卡除了交通和博物館，在消費飲食上，也有許多的優惠折扣。

http www.berlin-welcomecard.de

在柏林的旅客中心有大量的簡章資訊，網站上也都可以查得到，可以多加利用

博物館島及亞歷山大廣場區

熱門景點

柏林城市新宮
一洪堡論壇

柏林城市新宮－洪堡論壇
Berliner Schloss -
Humboldt Forum

✉ Am Lustgarten
🌐 www.berliner-schloss.de (Förderverein Berliner Schloss e.V.)
🌐 洪堡論壇www.humboldtforum.com
🗺 P.69

位於博物館島中央的宮廷廣場(Schloss-platz)上，曾經座落著普魯士王國時期的「柏林城市宮殿」(Berlin Stadtschloss)、東德時期的「共和國宮」(Palast der Repu-blik)。現在廣場上不僅已有全球最重要的新景點地標「柏林城市新宮」。而在宮殿的一旁，是目前最受歷史文化、學術界及博物館學界矚目的焦點：「洪堡論壇」(Humboldt Forum)。

柏林城市新宮 (Berliner Schloss)

整個宮殿重建的過程中，如何重現宮殿原本的樣貌以及籌措經費是最重要的任務。在硬體方面不僅是建築工藝技術上的挑戰，同時考驗策畫單位如何讓宮殿在無後顧之憂下如期完工。在耗時將近7年的施工期間，策畫單位早已利用「洪堡箱」(Humboldt Box，2018年12月31日已拆除)，展開與柏林市民的對話，透過工程期間開放日以及音樂會等募款活動，讓民眾實際參與城市宮的重建過程，並維持相關經費來源。新柏林城市宮殿絕對是柏林最新以及最重量級的景點。

洪堡論壇(Humboldt Forum)

洪堡論壇命名源自於普魯士時期最著名的兄弟——亞歷山大及威廉·馮·洪堡。這兩位對世界自然科學界，以及德國今日的教育制度有著非常大的貢獻。位於新柏林城市宮內的洪堡論壇，收藏超過2萬件有關於亞洲、非洲、美洲以及大洋洲藝術作品、宗教藝術作品以及各地的日常生活物品，結合最新的科學及相關研究，以這些領域的文物補足目前博物館島上既有博物館收藏品的不足。同時「洪堡論壇」未來也將持續地針對不同領域之最新話題及論點規畫策展，將全球性的知識及新知，以開放對話的方式，呈現給全世界。

宮廷廣場小歷史

1443年	普魯士王國在此建立柏林城市宮。
17～18世紀	世紀之交，城市宮不斷擴建。
1918年	霍亨左倫王朝沒落，這裡成為了博物館。
1950年	廣場被更名為馬克思—恩格斯廣場。
1976年	東德在廣場上建造「共和國宮」。
1990年	宮殿正式封館。
1993～1994年	「模擬—柏林城市宮」超級藝術計畫間接促成「柏林城市宮」重建。
2008年	柏林城市宮(新)設計案選拔。
2013年	柏林城市宮(新)開始動工。
2016年	由大英博物館前任館長尼爾·麥葛瑞格(Neil MacGregor)擔任柏林洪堡論壇館長與主要策展人至2018年5月。

亞歷山大廣場
Alexanderplatz

✉Alexanderplatz 1, 10178 Berlin | ©公共空間 | $免費 | ➡搭乘S5、S7、S75或是U2、U5、U8；街車：M2、M4、M5、M6；巴士Bus M48、100、200、248、TXL至Alexanderplatz站 | ⏱0.5～1小時 | 🌐www.berlin.de/sehenswuer-digkeiten (在Suchbegriff輸入Alexanderplatz) | 🗺P.69

1805年時俄國沙皇亞歷大山曾經到訪過這裡，廣場因此而更名。20世紀，廣場周圍開始積極地興建大樓，這裡成為人口密集的地區，以及柏林東區重要的交通樞紐。廣場上周圍有許多大型購物商場及飯店，如：Alexa、Galeria Kaufhof及Park Inn(德國第三大飯店)。

旅行小抄

海神噴泉(Neptunbrunnen)

1891年由Reinhold Bega建造，海神噴泉本來位於柏林城市宮，於1969年被遷移至亞歷山大廣場。位於噴泉最上方的是海神Neptun雕像，下方的4個女神雕像分別代表著萊茵河、易北河、奧德河以及Weichsel河，在噴泉四周設計有生動的烏龜、鱷魚、海豹以及蛇雕塑。

海神噴泉

知識充電站

《柏林，亞歷山大廣場》 1929

阿爾弗雷德·德布林 (Alfred Döblin)是德國現代文學重要的先驅。出生於工業革命時期的他，創作時期歷經了第一次世界大戰以及德國威瑪共和國的統治，當時他活躍於威瑪共和時期的文化圈。其知名的著作有《王倫三跳》(Die drei Sprünge des Wang-lun, 1915)、《華倫斯坦》(Wallenstein,1920)。《柏林，亞歷山大廣場》這部的長篇小說，讓德布林獲得了空前的成功。然而猶太人及知識分子的身分，卻讓他在納粹時期不受歡迎。他的著作在1933年的蓓蓓爾廣場，和其他的文學作品一起受到焚書之災，他也因此開始了流亡生涯。1957年，德布林出版了最後一本長篇小說《哈姆雷特，或長夜的結束》(Hamlet oder die lange Nacht nimmt ein Ende)。

《柏林，亞歷山大廣場》在德國文學史及現代小說史上有著非常重要的地位，尤其是書中以大都會為背景，大量使用柏林的地方方言及俚語，對於德語語文及文學領域有著特殊的價值。故事中主角法蘭茲在出獄後，紊亂無章的日常生活，再結合動盪的社會背景，其顛簸的遭遇讓他在柏林這個城市下更顯得毫無希望及了無生氣。然而在幾經波折、生死交關的經驗，法蘭茲最後重新找回自己。小說出版後被翻譯成許多語言，並且相繼被改編為廣播劇、電視劇及電影。

旅行前，從文學作品的角度初步認識柏林，真正到了柏林之後，也許會因書中的故事，而對於這個城市有一份熟悉感。

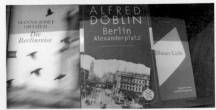

《柏林，亞歷山大廣場》是德國高中生的經典必讀書籍

柏林電視塔
Fernsehtrum

德國最高的電視塔

✉ Panoramastr. 1A │ 📞030247575875 │ ⏰每日開放。3～10月09:00～24:00、11～2月10:00～24:00。最後上塔時間23:30。餐廳營業時間09:00～23:00 │ 🕐上觀景台2～2.5小時 │ ⓗttpwww.tv-turm.de │ 💲現場購票成人16,50€、兒童(4～14歲) 9,50€、學生票成人價8折；觀景台(203m)，票卡可通行觀景台及Bar 203酒吧 │ 🗺 P.69

　　二戰之後的東柏林政府，為了向西方資本主義社會證明自己的實力，因此建造了一個能夠傳送無線電視廣播的塔台，並同時傳遞給世界一則訊息：蘇聯政府的能力以及彰顯其科技技術的先進。

　　雖然塔台的設計在當時受到西柏林的嘲諷，因為在日光照射電視塔圓球觀光台時，會出現十字架型的反光，他們稱之為「教宗的復仇」。而在兩德統一之後，這個建築物不但持續執行它原本的任務，更成為今日柏林觀光旅遊最重要的景點之一。

電視塔圓球上可看見「教宗的復仇」十字架型的反光

柏林大教堂
Berliner Dom

霍亨左倫家族成員長眠之處

✉ Am Lustgarten 1, 10178 Berlin │ 📞0302026-9136 │ ⏰週一～六09:00～20:00；週日及節日12:00～20:00(10/1～3/31開放至19:00) │ 💲一般成人票：7€；學生優惠票：5€ (英語音導覽：4€) │ 🚇搭乘U2、U5、U8至Alexanderplatz站；S5、S7、S9、S75至Hackscher Markt；巴士100、200、TXL號到Lustgarten站下車 │ 🕐參觀博物館1～2小時 │ ⓗttpwww.berlinerdom.de │ 🗺 P.69

　　和柏林老博物館一同位於盧斯特花園中，柏林大教堂因其近75公尺高的圓頂，以及巴洛克式華麗的建築，更突顯出它在柏林市中心的重要地位。該教堂曾作為宮庭教堂，其內部的裝潢及裝飾也因此特別精緻及華麗。

　　教堂地下室有座墓室，存放了400多年來霍亨左倫家族100多位成員的棺木，如腓特烈大帝一世、三世及其他家族重要成員。教堂圓頂上方可爬樓梯上去，從圓頂外圍走廊可以欣賞到宮庭廣場、博物館島、國會大廈柏林城市新宮，以及洪堡論壇。

1.教堂內一景 / 2.柏林大教堂

柏林市政廳
Rotes Rathaus
紅色市政廳

✉ Rathausstraße 15 | 📞 03090262032 | 🕐 09:00～18:00 | 💲 免費 | ➡ U2 Klosterstraße, Bus M48, 248 | ⏳ 0.5～1小時 | http www.berlin.de/rbmskzi | ⁉ 市政廳因日常業務關係，建議電話預約團體導覽 | MAP P.69

紅色市政廳

新文藝復興時期風格的紅色磚砌式建築，74公尺高的市政廳塔台在亞歷山大廣場一旁顯得格外醒目。建築物門面上兵馬俑浮雕，記錄著柏林從布蘭登堡開始至1871年為止重要的歷史事件。

市政廳內有許多區域開放給民眾參觀。走進大廳內，可以看到各宴會廳，以及9公尺高的圓柱大廳。同時這裡也有包含柏林所有行政區市市徽展覽區。3樓大廳廊還可以看到有歷屆榮譽市民的照片喔！

聖馬利亞教堂
St. Marienkirche
中世紀藝術的教區禮拜堂

✉ Karl-Liebknecht Straße 8，10178 Berlin | 📞 03024759510 | 🕐 每日10:00～18:00(1～3或4月10:00～16:00)；若遇教堂活動或音樂會，即不對外開放 | 💲 免費 | ⏳ 0.5～1小時 | http www.marienkirche-berline.de | MAP P.XX

該教堂於1250年開始，就和柏林這個城市一同成長，是這裡最具有歷史意義的教堂，今日以「城市教堂」自居，服務著柏林的信徒。對於觀光客來說，教堂內最重要也最值得參觀的，是塔樓大廳內的中世紀壁畫《死亡之舞》(Totentanz)。《死亡之舞》代表著中世紀最後之舞，象徵著「不朽」，是柏林市區內最古老的紀念碑之一。

在柏林電視塔一旁的聖馬莉亞教堂

DDR博物館
DDR Museum
東德時期的時光之旅

✉Karl-Liebnecht-Straße 1, 10178 Berlin｜📞03 0847123731｜🕐平日、週日10:00～20:00、週六10:00～22:00｜💲一般成人票9,80€，優惠票6€。網路訂票(日票)：5,50€｜➡S5、S7、S9、S75至Hackscher Markt站下車；搭巴士100、200或TXL至Spandauer Straße站下車。博物館位於施普雷河畔｜⌛1～1.5小時｜🌐www.ddr-museum.de/de｜MAP P.69

DDR (德意志民主共和國Deutsche Demoratische Republik) 博物館被票選為歐洲最受歡迎的博物館之一。這裡收藏了大量東德時期的日常生活文物，同時還模擬製作出東德時期的客廳、電視及家具，博物館裡的餐廳所提供的食物，也是當時人民的餐點Broiler、Ketwurst、Grilletta、東歐特有的漢堡、熱狗，讓人彷彿置身於當時的生活。模擬的Trabi車可以讓小朋友體驗。然而籠罩在史達西監控下，令人無法自由呼吸的生活，也一一呈現在博物館裡的史達西審問室及小牢房裡。

DDR博物館位於施普雷河畔邊

十年前的博物館島鳥瞰圖，當時柏林城市宮原址仍是空地一片(圖片提供 / © bpk DOM publishers, Juli 2009)

特色街區：「穀倉區」以及「哈克雪庭院」

穀倉區(Scheunenviertel)

穀倉區位於米特區東北方的施潘道市郊(Spandauer Vorstadt，非施潘道行政區。)17世紀時，腓特烈大帝為雙城(Berlin-Cölln)在這一區規範了嚴謹的消防法規，農民可以將收割後的農作物、乾草集中放置在城牆外的這個區域，於是這裡有了穀倉區這個名稱。在1900年，這一區雖然開始形成了住宅區，但是仍被稱為柏林市中心的後院——貧窮區。

隨著人口的增加，嫖妓及犯罪的情況也在此層出不窮。18～19世紀東歐的猶太人開始大量在這裡定居，周圍自然形成許多的學校及教堂。但是在納粹時期，這一區除了新猶太教堂(Neuen Synagoge，Oranienburger Straße)之外，幾乎所有猶太人的文化都不見了。

今日穀倉區的街道上，進駐許多新穎又有創意的店家，無論是特色服飾或是高質感的文具用品都可以看得到。已經成為柏林人及來自世界各地年輕人最喜愛的街區之一。

參觀重點：
1. 漢堡火車站當代博物館(Hamburger Bahnhof, Museum für Gegenwart - Berlin) http www.smb.museum/museen-und-einrichtungen/hamburger-bahnhof/home
2. 柏林新猶太會堂(Neue Synagoge Berlin) http www.centrumjudaicum.de
3. 哈克雪庭院(Hacksche Höfe) http www.hackesche-hoefe.de
4. 人民劇院(Volksbühne) http www.volksbuehne.berlin
5. 自然史博物館(Museum für Natur-kunde) http museumfuernaturkunde.berlin
6. 街道Sophien Straße以及Oranienburger Straße

哈克雪庭院(Die Hackeschen Höfe)

http www.hackesche-hoefe.de

在穀倉區的南方,也就是腓特烈大街及亞歷山大廣場之間,是柏林米特區現代創意、知名設計品牌的集中區。在與哈克雪市集同名的S-Bahn車站周邊,有著各式各樣的設計品商店、服飾店、餐廳及酒吧。從1990年代後,這一區一直是柏林夜生活的重心。

位於該區的哈克雪庭院是面積約1萬平方公尺的集合住宅區,也是歐洲最大型的住商複合式住宅區。Hof或是Innenhof指的是一棟建築物內的內部庭院,有了這個內部庭院的設計,能夠確保四周每棟及每層樓的住戶都能夠享有足夠的採光。哈克雪庭院一共有8棟建築物,主要入口處在Rosenthaler Straße,現場各庭院以羅馬數字I～VIII作為標號,1樓大部分都是商店、餐廳或是電影院,另外也有一些藝術村及手工設計商店。知名的東德號誌燈人紀念品店,也可以在此看到。

參觀重點:

1. HOF I:變色龍劇院 (Chamäleon The-ater)
2. HOF I:哈克雪電影院 (Hackesche Höfe Kino)
3. 盲人工作室博物館奧圖·衛德 (Museum Blindenwerkstatt Otto Weidt)
4. 安妮法蘭克中心(Anne Frank Zentrum)
5. HOF V:東德號誌燈人紀念品店 (Ampe-lmann Berlin)

1.漢堡車站現代藝術博物館(圖片提供／©Staatliche Museen zu Berlin Thomas_Bruns)／**2.**人民劇院／**3.**變色龍劇院／**4.**哈克雪庭院／**5.**HOF I:裝飾藝術風的房屋建築(Art-Déco-Fassaden)／**6.**前往東德號誌燈人紀念品店／**7.**庭院內有許多特色餐廳及店家

尼古拉街區
Nikolaiviertel
感受舊柏林雙城區中心的昔日繁榮

✉Nikolaiviertel, Nikolaiplatz, 10178 Berlin | ➡
搭乘巴士248、M48線至Berliner Rathaus站或是
Nikolaiviertel站，147線至Neumanngasse。(該
區位於Rotes Rathaus旁的Spandauer Str.上，從
亞歷山大廣場步行過去即可) | ⏱0.5〜1小時 | http
www.nikolaiviertel.info | MAP P.69

尼古拉街區是中世紀時舊柏林雙城
(Berlin-Cölln)的市中心，這一區因為河
運及陸運的便利性，曾是人口最密集的
地段，所有的商業貿易、手工業都在此
落腳。一直到二次大戰之前，這裡早已
經住滿了政商名流及藝術家；然而二戰
後，該街區幾乎大量被摧毀，成為瓦礫
廢墟，並且長期被閒置。直到柏林慶祝
建城750年之際，於1981〜1987年間重新

動工，依照昔日的舊照片重建街區，才
有今日充滿活潑生氣的尼古拉街區。

參觀重點：
1.尼古拉教堂 (Nikolaikirche)

1230年時期後歌德建築，是柏林最老
的教堂。教堂內展出教堂及尼古拉街區
的歷史。每週五下午5點有管風琴的演
出。

2.齊爾博物館(Zille Museum)

齊爾(Heinrich Zille)以幽默風趣的畫
風，刻畫出柏林20世紀初最真實的社會
及生活樣貌，是柏林當地最重要的藝術
家、畫家及攝影家。而在地址Spreeufer 3
號可以找到齊爾餐廳(Zille Stube, www.
zillestube-nikolaiviertel.de)，店內以大量
的齊爾作品作為裝飾，是非常具有特色
的用餐地方。(博物館：Propststraße 11，
11:00〜18:00。www.zillemuseum-berlin.de)

3.萊辛屋(Lessinghaus)

德國啓蒙運動時期重要文學家戈特難爾德‧埃弗拉伊姆‧萊辛(Gotthold Ephraim Lessing)曾在這裡住了23年。目前這裡是一家書店。

4.Ephraim宮殿(Ephraim-Palais)

為該街區最有歷史意義的洛可可風格聯排別墅。這裡曾是普魯士時期一位銀行家及珠寶商Veitel Hein Ephraim的家。宮殿建築華麗的外觀，是當時上層階級奢華生活的象徵。(Poststraße16，週一休館，www.stadtmu-seum.de/ephraim-palais)

5.可諾博勞亨屋博物館
(Museum Knoblauchhaus)

這是一間有關於中產階級Johann Christian Knoblauch家族生活的博物館，該家族以販賣絲綢活躍於當時的中產階級。當時屬於畢德麥耶爾時期(Biedermeier，1815～1848)，強調的是享樂(如頻繁的家庭音樂會)、室內設計、時裝但同時又保守的思想。Knoblauchhaus呈現出的是當時中產階級的居家生活樣貌，許多名人如建築師申克爾、威廉馮洪堡德、哲學家施萊爾馬赫都曾到訪這裡做客。(Poststraße 23，週一休館，www.stadtmus eum.de/knoblauchhaus)

1.3. 在這裡有著至少5間博物館、40間以上的商店，穿梭在狹窄的小巷弄，感受柏林曾經有的繁榮景象，非常值得一遊 / 2.典型的畢德麥耶爾時期家庭客廳 / 4.5.齊爾的作品曾大量出現在20世紀初的柏林報章雜誌上 / 6.尼古拉教堂 / 7.Ephraim宮殿

柏林東區最大的購物中心
ALEXA

✉Grunerstraße 20, 10179 Berlin｜☎ 0302693
40121｜🕐商場週一~六10:00~21:00，美食街
週一~六10:00~21:00(部分餐廳週日營業11:00
~19:00｜➡搭乘S3、S5、S7或S75；U2、U8
、U5至Alexanderplatz站；搭乘巴士248至Alexan-
derplatz/Grunerstr.站｜⏳1~2小時｜🌐www.a
lexacentre.com｜MAP P.69

　　ALEXA位於亞
歷山大廣場後方
(要過Otto-Braun-
Straße)，購物中
心一共有5層樓，內有超過180間店家以
及大約17間餐廳。裡面有德國知名連鎖
書店Thalia，以及3C產品連鎖店Media
Markt，購物前可以先上其官網查詢是否
有自己心儀的品牌駐點。

絕對柏林製造
ausberlin

✉Karl-Liebknecht-Str. 9, 10178 Berlin｜☎0309
7005640｜🕐週一~六11:00~20:00、週日12:00
~18:00｜➡搭乘S3、S5、S7或S75；U2、
U8或U5至Alexanderplatz站；搭乘巴士248至
Alexanderplatz/Grunerstr.站｜⏳1小時｜🌐aus.
berlin｜MAP P.69

　　想要挑選柏林道地的文創紀念品，一
定要花些時間在ausberlin店內逛逛。裡面
的商品都是在柏林製造，從T-Shirt、保養
用品、居家用品、孩童用品到時尚服裝
飾品及背包，都可以在這裡找得到。

深受好萊屋明星喜愛的時尚眼鏡
Ic! Berlin flagship Store

✉Münzstraße 5, 10178 Berlin｜☎0302206660
55｜🕐週一~六10:00~20:00｜💲視個人消費而
訂｜➡搭乘S3、S5、S7或S9；U2、U8或U5至
Alexanderplatz站；搭乘巴士100、200至Alexan-
derplatz Bhf (S+U)/ Memhardstr. (Memhard-
straße往西走過了Rosa-Luxemburg-Straße就是
Münzstraße)｜⏳0.5~1小時｜🌐www.ic-berlin.
de｜MAP P.69

　　Ic! Berlin對台灣人來說並不陌生，其無
螺絲無焊接的鏡框專利設計，同時又兼
具時尚感，堅持少即是多的創業哲學精
神，Ic! Berlin品牌有著獨到的風格品味，
深獲許多名人的喜歡。來到店裡，可以
請店員幫你挑選一副最適合你的眼鏡。

1.2. Ic! Berlin店內裝潢極簡有型

美食餐廳

柏林207公尺空中用餐

斯菲爾餐廳
Dreh-Restaurant Sphere im Berliner Fernsehturm

✉ Alexanderplatz, Panoramastraße 1A, 10178 Berlin │ ☎ 0302475750 │ ⏰ 早餐10:00～11:00、午餐11:00～16:00、晚餐16:00～22:30 │ 💲早餐10～15€、午餐(主餐)10,50～23,50€、晚餐(主餐)13,50～30€ │ ➡ 搭乘S5、S7、S75或是U2、U5、U8；街車:M2、M4、M5、M6；巴士Bus M48、100、200、248、TXL至Alexanderplatz站 │ ⏳1～2小時 │ 🌐www.tv-turm.de │ ❓建議先上網或電話預約訂位 │ MAP P.69

在柏林體驗高空用餐的樂趣，白天天氣好時可以將柏林城市的美景盡收眼底，夜晚則可以俯瞰柏林的夜景，感受國際首都真正的魅力。斯菲爾餐廳訂位亦結合觀景台門票，由於是熱門景點，觀光客非常多，常常會看到電視塔台下方大排長龍。建議可以先上網訂位及訂票喔！餐廳的選擇種類非常多，每週日的09:00～11:30有特別提供早午餐Buffet。

加州風味墨西哥捲餅 (Burritokönigin)

Dolores Mitte

✉ Rosa-Luxemburg-Straße 7, 10178 Berlin │ ☎ 03028099597 │ ⏰ 週一～六13:00～22:00、週日13:00～22:00（節日通常會營業，詳請見官網） │ 💲5～10€不等 │ ➡ 搭乘S3、S5、S7或S9；U2、U8或U5至Alexanderplatz站；搭乘巴士100、200、至Alexanderplatz Bhf (S+U)/ Memhardstr.(在ic! Berlin 旁) │ ⏳1小時 │ 🌐www.dolores-on-line.de │ MAP P.69

這間有著加州風味墨西哥捲餅之王封號的Dolores Mitte，從街上就可以看到店門口貼著許多旅遊網站推薦及得獎的貼紙。平價、道地的加州玉米捲餅，口味及種類很多，可以選擇一般的口味，也可以自行選擇內餡。捲餅有紅豆內餡、米飯香濃的優格醬及新鮮沙拉，也可搭配雞肉，亦有

適合素食者的餐點。捲餅分量十足，吃完以後非常的有飽足感。絕對是柏林墨西哥捲餅的首選。

❸

1.Dolores店門口／2.店內牆上的菜單／3.柏林必嘗的墨西哥捲餅

令人驚豔的特製紅啤酒
Berliner Marcus Bräu

✉Münzstraße 1-3, 10178 Berlin | ☎0302476985 | ⏰平日12:00～00:00、週六14:00～00:00、週日16:00～00:00 | 💲主餐9,90～14,90€ | ➡搭乘S3、S5、S7或S9；U2、U8或U5至Alexanderplatz站；搭乘巴士100、200至Alexanderplatz Bhf (S+U)/ Memhardstr. (Memhardstraße往西走過了Rosa-Luxemburg-Straße就是Münzstraße，在ic! Berlin店旁，Dolores Mitte轉角) | ⏳1～1.5小時 | http www.marcus-braeu.de | MAP P.69

Berliner Marcus Bräu是一家非常道地的啤酒餐廳。牆上掛了許多老舊照片和復古飾品、打字機還有釀製啤酒的用具。走進店內，還可以看到一個小酒吧，上面擺滿了許多白酒及利口酒等其他酒類。不可錯過的當然是他們自釀的新鮮啤酒，店內角落有著大型的啤酒發酵桶，除了皮爾森及黑啤酒，店家還有特製配方的紅啤酒。皮爾森啤酒充滿春天的新清香味及特殊口感。而紅啤酒甜度較黑啤酒淡，苦味比皮爾森來的重一些，非常好喝。店員說，這是柏林其他地方沒有的特製啤酒。

這裡有柏林的當地菜色，用餐時，可以看到桌上擺放4種店家自製的不同口味沾醬，可以在吃飯時自行取用。喜歡的話還可向店員購買，帶回國做伴手禮哦！

1.在酒吧一旁可以選購現場提供的沾醬(有蜂蜜芥茉醬或是啤酒芥茉醬等) / 2.晚上相約朋友喝啤酒的好去處 / 3.皮爾森啤酒 / 4.店家特製紅啤酒 / 5.店內的啤酒發酵桶

Museumsinsel & Alexanderplatz

讓人暢快吃豬腳喝啤酒
Brauhaus Georgbræu

✉ Spreeufer 4, 10178 | ☎ 0302424244 | 🕐 12:00～23:00 | 💲 主餐9,90～14,90€ | ➡ (在尼古拉街區) 搭乘S5、S7、S75或是U2、U5、U8；街車：M2、M4、M5、M6；巴士Bus M48、100、200、248、TXL至Alexanderplatz站。經過Rathausstraße，再經過Rotes Rathaus就是尼古拉街區，餐廳在河邊 | ⏳ 1～1.5小時 | 🌐 www.brauhaus-georgbraeu.de | 🗺 P.69

Brauhaus Georgbræu位於施普雷河畔旁，在這裡不只可以喝到柏林釀造的純啤酒，Eisbein豬腳加上酸高麗菜及馬鈴薯，更是不能錯過的柏林菜色(可以點Brauhausknüller套餐加啤酒，只要12,20€)。另外還有長達1公尺一共12杯的長啤酒(Ein Meter Georgbræu, 22€)，等著團體旅客來挑戰。

1.Brauhaus Georgbræu的戶外座位就在施普雷河畔 / 2.店內自釀啤酒，以啤酒水龍頭供應 / 3.餐後追加一杯黑啤酒 / 4.Brauhausknüller套餐

波茨坦廣場
Potsdamer Platz

以波茨坦廣場S-Bahn車站為中心，西邊為波茨坦廣場，東邊則為萊比錫廣場。
波茨坦廣場又分為西北方的索尼中心，以及由3棟摩天大樓所構成的區域；
在廣場的東側為萊比錫廣場上則有柏林最大型的購物中心之一Mall of Berlin, LP12。
這裡是歐洲的商業、娛樂中心廣場，想要來一趟柏林的時尚購物之旅，
同時享受最精湛的文化藝術表演，來波茨坦廣場就對了。

Kaisersaal皇帝大廳 📷
Fragmente des Hotels Esplanade
Linenbräu am Potsdamer Platz 🔪

Henriette-
Herz Park

柏林購物中心 📷
Mall of Berlin

iergarten

Tiergarten Straße

德國電影資料館
Deutsche Kinemathek-
Museum für 📷
Film und Fernsehen

柏林愛樂 📷
Berliner Philharmonie

波茨坦廣場 📷
Potsdamer Platz

萊比錫廣場 📷
Leipziger
Platz

U S Potsdamer Platz

德國間諜博物館 📷
Deutschen
Spionagemuseum

索尼中心 📷
Sony Center

S
U Potsdamer
Platz

八角菇型 📷
DDR時期檢哨站崗樓
DDR-Wachturm

Cinemaxx 豪華電影院 📷
Cinemaxx

柏林國立圖書館 📷
Staatsbibliothek zu Berlin

柏林星光大道 📷
Boulevard der Stars

達利博物館 📷
Museum Dali

📷 柏林畫廊
Gemäldegalerie

Weilands Wellfood 🔪

露天全景觀景台 📷
Panoramapunkt

柯爾霍夫大樓 📷
Kollhoff-Tower

戴姆勒當代藝術館/胡特酒屋 📷
Daimler Contemporary Berlin /Weinhaus Huth

往 🔪 約瑟夫羅斯
Joseph-Roth-Diele

Café e Gelato

波茨坦廣場購物中心 📷
Potsdamer Platz Arkaden

波茨坦廣場

波茨坦廣場
Potsdamer Platz

歷史與現代的交會

✉Potsdamer Platz, 10785 Berlin │ ☎03068831
5101 │ ➡搭乘S1、S2、S25、S26到S+U Pots-
damer Platz；U2至S+U Potsdamer Platz；巴士
200、M41、M48路至Varian-Fry-Str. │ ⌛2～3小
時 │ http www.potsdamerplatz.de │ MAP P.91

波茨坦廣場上最雄偉的三大建築群：
德國國鐵大樓(DB Tower)、克爾霍夫大
樓(Kollhof Tower)以及論壇大樓(Forum
Tower)，矗立在柏林最繁忙的S-及U-Bahn
的交通樞紐上。然而這裡卻曾經因圍牆的
築起，而沉寂了數十年。直到兩德統一
後，許多的建築設計師積極提案，想在波
茨坦廣場大展身手，才讓它在極短的時間
內，魔術般似的以「歐洲之都」的姿態重
新站上世界的舞台。

來這裡除了可以感受世界級的娛樂及
購物體驗外，地鐵車站及廣場本身亦是
值得參觀的歷史景點。在冬季來波茨坦
廣場，除了有聖誕節市集之外，還有冬
季世界(Winterwelt am Potsdamer Platz)各
項娛樂設施可以盡情暢玩。

1.廣場上的三大建築物由左至右Forum Tower、
Kollhof Tower以及DB Tower / **2.**夜晚的DB德國國鐵
大樓 / **3.**廣場車站一旁的柏林圍牆遺跡

知識充電站

波茨坦廣場二三事

在彼得・施奈德(Peter Schneider)的《
這就是柏林》(Das ist Berlin)一書中，把
波茨坦廣場比喻為「沒有墓碑的建築墳
場」。1961年柏林圍牆築起後，牆的兩側
會有大範圍的禁區，形成所謂的「死亡地
帶」，而這就是波茨坦廣場在二戰後的樣
子，圍牆橫亙在廣場中央，了無生氣。

原本戰後殘破不堪、半毀的建築物，在
東德政府基於軍事考量之下，乾脆將這些
建築物幾乎全部拆除，東西柏林沒有人想
要在這一帶活動，波茨坦廣場就這麼沉寂
了近半個世紀。1990年代後，這裡成了歐
洲最大的市中心建案區，儘管有再多的政
治、經濟以及舊文物整合規畫上的阻礙及
困難，這個區域最終還是以非常驚人的速
度，完成了造城計畫，重新站上世界的舞
台。

Potsdamer Platz

參觀重點：

1.柯爾霍夫大樓(Kollhof Tower)
a.Cinemaxx 豪華電影院

　　共有3,500個座位以及19個放映廳，以每日超過50部的電影場次，頂級的視聽設備以及3D電影效果，讓看電影成為一種奢華的體驗。(Potsdamer Straße 5，入口處Voxstraße 2，www.cinemaxx.de)

b.露天全景觀景台Panoramapunkt

　　柯爾霍夫大樓附設有露天全景觀景台。這裡有歐洲最快的電梯，20秒就可帶領遊客到100公尺上的觀景台(24及25層樓)。遊客可以在露天的陽台上，欣賞柏林的全景，同時觀賞內部的展覽，以及

享用咖啡。(入口處在Potsdamer Straße，www.panoramapunkt.de，夏日10:00～18:00、冬季10:00～16:00。12/24休息，7,50€ / 6€，六歲以下兒童免費)

2.波茨坦廣場購物中心(Potsdamer Platz Arkaden)

　　Arkaden是波茨坦廣場上最大的購物中心。於1998年開幕，一直以來是該區最具代表性的商場。除了各國的名牌服飾及鞋子，美食區提供多元化的異國風味迎合來自世界各地的觀光客。而每年2月

的柏林影展，商場1樓大廳則成為影展主要的活動售票地點。(Alte Potsdamer Straße 7，www.potsdamerplatz.de/shopping，每日開放10:00～21:00)

3.戴姆勒當代藝術館(Daimler Contemporary Berlin)

　　該館的前身即是與皇帝大廳一同在二戰時期倖存下來的胡特酒屋(Weinhaus Huth)。在波茨坦廣場因圍牆而成為「死亡地帶」的數十年中，只有胡特酒屋的一戶人家住在這裡。現在這裡可以免費參觀閣樓式建築，以及來自世界各地的前衛、抽象、概念式以及極簡主義等當代藝術。(Alte Potsdamer Straße 5，Weinhaus Huth 4樓，10785 Berlin，www.art.daimler.com，每日開放11:00～18:00)

1.Cinemaxx 電影院 / **2.**露天全景觀景台入口處 / **3.**波茨坦廣場購物中心

1

索尼中心
Sony Center

創新、多元化經營的國際性商城

✉ Potsdamer Platz 2, Sony Center, 10785 Berlin
| 📞 030419555000 (Sony Store) | 🕐 週一～六
11:00～19:00，週日休息 | ➡ 搭乘S1、S2、S25、
S26到S+U Potsdamer Platz；U2至S+U Pots-
damer Platz；巴士200、M41、M48路至Varian-
Fry-Str. | ⏳ 2～3小時 | http www.sonycenter.de |
MAP P.91

索尼中心是由7座大樓所結合而成的建築群，設計師為Helmut Jahn，其新穎的建築手法及風格，讓該區隨即成為柏林最現代化的商業新地標。其中包含了影城、辦公區、住宅區、娛樂影視中心、博物館、商店及餐飲店家。中央廣場由周圍建築群圍繞著，廣場上方採用玻璃及扇形帆布設計，結合採光及通風的功能，是未來主義風格重要的代表作。入夜後，索尼中心廣場由四周不同的燈光打亮，著實像是一座不夜城。

參觀重點：

1.Fragmente des Hotels Esplanade (Kaisersaal皇帝大廳)

1908年開幕的Grand Hotel Esplanade Berlin酒店，在二戰時部分建築物(皇帝大帝、部分樓梯、洗手間及早餐室)奇蹟式地逃過戰火。1990年代，因為索尼中心建案設計的疏忽，以致於皇帝大廳面臨被拆除的命運。1996年柏林市為了保存皇帝大廳，將它以地面平行移動75公尺的方式，最後整合至索尼中心的大樓內，作為重要景點之一。

2.德國電影資料館(Deutsche Kinemathek -Museum für Film und Fernsehen)

這裡收藏德國影視歷史最完整的影片、照片、文獻以及圖書相關資料。所有攝影技術發展的重要里程碑，也都一一在館內展示。(www.deutsche-kinemathek.de，週四16:00～20:00免費參觀)

3.柏林星光大道(Boulevard der Stars)

星光大道位於索尼中心前方的Potsdamer Straße上。Marlene Dietrich、Romy Schneider等知名德語系影星，以及120年來，在德語電影界最重要的明星及導

柏林影展期間，導演、明星滿街跑!?

玩家交流

　　享譽全球的柏林影展，是柏林一年一度的重大節日，城市裡的地鐵或是街上隨處可見影展的海報。市區內大大小小的電影院、戲院會輪流播放參展影片。有些電影院外會在這段期間鋪上紅地毯，因為部分場次的電影會有導演和演員一同出席觀影。

　　影展期間，當我路過Zoo Palast時，正好遇到影集M-Eine Stadt sucht einen Mörder的導演David Schalko及演員走紅地毯，索性站在一旁，近距離看著記者採訪導演的過程。另一次是在電車上遇見一位穿著全身淺藍色西裝，並且帶著帽子的男士。而就在隔日，我在Kino International看了一部影展電影《Der Atem》，觀影後的分享會上，才發現這位穿著同樣服裝的男士即是該部電影的導演：Uli M Schueppel。因此，選擇2月遊柏林，走在街上別忘了眼睛要睜大一點，說不定你也可以遇到大導演或是大明星喔！

1.影集M-Eine Stadt sucht einen Mörder的導演David Schalko / **2.**在Marlene-Dietrich-Platz的Berlinale Palast是影展最主要的會場 / **3.**亞歷山大廣場及卡爾馬克思大街上的電影院，也會一起播放參展影片 / **4.**影展電影Der Atem的導演Uli M Schueppel

演，都曾在這條柏林星光大道的紅地毯上留下著一顆又一顆閃耀著金黃色的星星。想要追星，別忘了將行程和每年2月的柏林影展日期規畫在一起，說不定可以拍到一張和國際明星或是導演的合照喔！

1.中心廣場以及上方非常具有特色的扇形帆布圓頂 / **2.**Kaisersaal皇帝大廳遺跡 / **3.**柏林星光大道 / **4.**德國電影資料館位置在中央廣場的星巴克旁

萊比錫廣場
Leipziger Platz
愈夜愈美麗的八角型廣場

✉ Leipziger Platz 1, 10117 Berlin │ ☎ 03020621770 │ ➡ 搭乘S1、S2、S25、S26到S+U Potsdamer Platz；U2至S+U Potsdamer Platz(出口即在廣場上)；巴士M4至S+U Potsdamer Platz(Bus Stresemannstr.)下車即達目的地 │ ⌛ 1～2小時 │ http www.berlin.de/sehensuerdigkeiten 右上方搜尋輸入Leipziger Platz │ MAP P.91

萊比錫廣場位於波茨場廣場東側，八角型的廣場，四周曾經是柏林著名的住宅區，不過目前所看到的建築物，均為戰後重建的新型住宅區及商業購物中心。除此之外還可以在廣場上看到加拿

大大使館，以及19世紀《柏林日報》創辦人之一、出版人、製片商及商人魯道夫·莫斯(Rudolf Mosse)，在柏林的住所莫斯宮(Mosse Palais)。入夜後，廣場四周商辦大樓及路燈，讓廣場更顯得有時尚不夜城的氣氛。

參觀重點：

1.柏林購物中心(Mall of Berlin)

其前身是建於1897年的Wertheim百貨公司，這裡也曾是知名電子樂夜店(Tresor Techno-Club)的發跡地。2014年夏季Mall of Berlin在原址全新開幕，內有200多家的商店，少見的義大利品牌服飾也有進櫃，2樓則提供各式各樣的國際美食小吃。(Leipziger Platz 12，www.mallofberlin.de，週一～六10:00～21:00)

©時小梅

2.達利博物館(Museum Dali)

達利較多知名的作品雖然都放置在西班牙的達利博物館，但本展間的作品在達利的藝術創作歷程中也都有非常重要的意義。這些收藏品很多都是來自世界各地的私人收藏，參觀者可以盡情浸在超現實主義藝術中，達利迷更是千萬不可錯過。(Leipziger Platz 7，www.daliberlin.de，週一～六12:00～20:00、週日及節日10:00～22:00)

3.德國間諜博物館
(Deutschen Spionage museum)

蘇美冷戰期間，是國際間諜大量被利用來交換重要情報的最高峰時期。而柏林因其特殊的政治處境關係，在當時亦幾乎可以說是間諜的首都。在這裡除了可以來一趟時光之旅，還可以深度了解過去間諜的工作及日常生活。同時也有

互動式多媒體高科技技術特展，讓參觀者如同特務代理人一樣，挑戰自我的極限。(Leipziger Platz 9，www.deutsches-spionagemuseum.de，每日開放10:00～20:00)

1.2. Mall of Berlin，在1樓大廳上方，黑白照片記錄著這棟建築物的歷史／**3.**萊比錫廣場的夜景／**4.5.**館裡展出薩爾瓦多·達利(Salvador Dali)超過400件的作品(5.圖片提供／©DaliBerlin.de)／**6.7.**間諜博物館極具教育及娛樂性質，並且完整展示當時使用的高科技工具

旅行小抄

八角菇型DDR時期檢哨站崗樓
(DDR-Wachturm)

位於間諜博物館後方的Erna-Berger-Straße，可以見到目前少數還完整保存的八角菇型的檢哨站崗樓，1966年起，東德政府開始在東、西柏林邊境大量建造檢哨站，於東德末期數量高達將近300個。

柏林畫廊
Gemäldegalerie
收藏重量級德國、荷蘭及義大利大師畫作

柏林畫廊入口處(圖片提供／©Caravaggio_Banner_David_von_Becker_2017_verk)

✉ Matthäikirchplatz 4-6, 10785 Berlin｜☎ 03026 6424242｜🕐 週二～五10:00～18:00(週四至20:00)、週末11:00～18:00｜💲 10€/優惠票5€｜➡ 搭乘S1、S2、S25或是U2至Potsdamer Platz站下車，巴士M29號至Potsdamer Brücke站，M48或M85至Kulturforum站｜⏳ 1.5～2小時｜🌐 www.smb.museum/museen-und-einrichtungen/gemaeldegalerie｜🗺 P.91

柏林畫廊收藏了超過1,500幅13～18世紀歐洲繪畫大師的名畫，如：Albrecht Dürer、Lucas Cranach、Botticelli以及Rembrandt的作品。走進畫廊即是一條2公里長的走道，上方是平面拱形天花板加上32個透明玻璃圓頂。從走道劃分出東翼、西翼及北翼，一共有72個展示間。畫廊的收藏品曾經於冷戰期間被分散放置，分別是東柏林的博登博物館以及西柏林的Dahlem區。

1998年畫廊正式被規畫為柏林文化廣場(Kulturforum)的一部分，是對於中世紀歐洲繪畫藝術有興趣的人必走造訪的景點。

參觀重點：
1. 東翼：德國、荷蘭及佛萊明繪畫
　　《青春的泉源》(Der Jungbrunnen，Lucas Cranach dem Älteren，1546)
　　Hieronymus Holzschuher，Albrecht Dürer
2. 北翼：17世紀荷蘭繪畫
　　《帶珍珠項圈的少女》(Junge Dame mit Perlenhalsband，Jan Vermeer，1664)
3. 西翼：義大利繪畫
　　《丘比特勝利者》(Amor als Sieger von Caravaggio，1602)

柏林愛樂
Berliner Philharmonie
柏林世界級管絃樂隊的音樂殿堂

✉ Herbert-von-Karajan-Straße1，10785 Berlin｜☎ 030254880｜🕐 13:30 (此為導覽時間，部分日期不開放。請上網查詢最新消息www.berliner-philarmoniker.de/philharmonie/fuehrungen)｜💲 5€/優惠票3€ (導覽價格，12:00可以在集合處購票)｜➡ 搭乘S1、S2、S25或是U2至Potsdamer Platz站下車。沿著Potsdamer Straße至Ben-Gurion-Straße，左手邊建築物即是。巴士200號至Philharmonie站下車即達目的地｜⏳ 約1小時(導覽時間)｜🌐 www.berliner-philarmoniker.de｜🗺 P.91

由知名建築設計師Hans Scharoun根據聲學理論所設計的柏林愛樂，是柏林交響樂愛好者的天堂。演奏廳有別於其他的音樂廳，上方天花板有著天空意境的帆布，如馬戲團的帳篷頂，而舞台位置則是設計在中央，樂隊後方的觀眾們可以清清楚楚地看到指揮家賣力生動的表情。

這裡有柏林世界級的管弦樂隊——柏林愛樂樂團每年固定演出，以及其他的音樂表演。柏林愛樂於每日13:30(免預約)提供英、德文導覽，或是旅行時不妨安排聆聽一場交響樂，放鬆心情，用音樂來認識柏林。

Potsdamer Platz

德國最大的綜合性圖書館—— 柏林國立圖書館

眼力好的人，可能會在路過Potsdamer Straße時，就看到一棟和柏林愛樂相似的建築物。沒錯，這座柏林國立圖書館(Staatsbibliothek zu Berlin)和柏林愛樂都是出於同一位建築設計師Hans Scharoun之手。原本坐落於Unter den Linden的國立圖書館，曾經在DDR時期只提供東柏林使用，西柏林於是就在1978年的波茨坦廣場外，蓋了這座圖書館。兩德統一後，隸屬於普魯士文化遺產基金會的兩座圖書館開始統一整合，本館

主要收集歷史書籍(至1995年)，而新館則是以社會及人文科學書籍為主。 (Potsdamer Straße 33，www.staatsbibliothek-berlin.de)

該圖書證不得和柏林其他市立圖書館共用，需另行申辦

逛街購物

本篇介紹的波茨坦廣場上之Arkaden(www.potsdamerplaty.de/shopping)以及萊比錫廣場上的Mall of Berlin (www.mallofberlin.de)即是該區兩間最重要的逛街購物中心。購物中心內的店家均超過上百間，只要行前確認好自己想要購物的品牌，上網查詢其專櫃位置即可迅速找到。或是想要在購物中心內隨興的Window Shopping也是很愜意的一個行程喔！

1.2.兩家購物中心樓層寬廣，提供極佳的購物環境

美食餐廳

結合柏林及巴伐利亞州的菜色

Lindenbräu am Potsdamer Platz

✉ Bellevuestraße 3-5, 10785 Berlin │ ☎ 030257 51280 │ 🕐 11:30～01:00 │ 💲 主餐12,40～21,90€、Flammkuchen9,90～13,90€、香腸特餐及多人套餐6,90～88,90€ │ ➡ 索尼中心內 │ ⌛ 1～1.5小時 │ 🌐 www.bier-genuss.berlin │ 🅼 P.91

　　Lindenbräu位於索尼中心的大庭廣場一側。是一間非常醒目的三層樓餐廳，包含了室內和戶外啤酒花園大約800個座位，每到用餐時間總是滿滿的人潮。餐點結合了柏林當地、巴伐利亞以及奧地利的菜色，如柏林水煮豬腳、烤豬腳以及維也納豬肉排，搭配店內新鮮供應的啤酒，讓旅人在柏林市中心一次享有不同風味的德式佳肴。

1.3.餐廳內各式美食／**2.4.**Lindenbräu室內及戶外的座位(1.2.3.4.圖片提供／© Lindenbräu)

美食與文學的相遇
約瑟夫羅斯
Joseph-Roth-Diele

✉Potsdamer Straße 75, 10785 Berlin │ ☎0302
6369884 │ ⏰週一～四10:00～23:00、週五10:00
～24:00、週末休息 │ 💲主餐6,95～12,95€、三
明治(Dielenstullen)3～5€、午間套餐4,95€ │
➡搭乘U1至Kurfürstenstraße下車巴士M48、
M85至Lützowstr./Potsdamer Str.站下車，過了
Lützowstraß與Potsdamer Straße即達目的地 │
⌛1小時 │ 🌐joseph-roth-diele.de │ ❓只接受現
金付款 │ 🗺P.91

　這是一間非常有文學氣息的餐廳。約
瑟夫‧羅夫原是一位奧地利籍的記者及
作家，他曾經短暫的在柏林居住過，而
地點就在Potsdamer Straße75。餐廳是由
一位電影導演，也是羅斯的崇拜者Dieter
Funk所經營。他將他對羅斯的文學熱愛
呈現在在餐廳的裝潢上。牆上掛著許多
約瑟夫‧羅斯的照片及名言，每日提供
的餐點有傳統的德國豬排，還有超過10
種選擇的三明治。

1.2.店內古典式
的書架及木頭裝
潢，讓人有如回
到1920年代(圖片提
供 / ©Steffen Roth)

健康美食新體驗
Weilands Wellfood

✉Eichhornstraße 3, 10785 Berlin │ ☎03025899
717 │ ⏰週一～五08:00～20:00、週末休息 │ 💲
沙拉5,60～10,20€、異國東方風味碗食(Bowl)7,70
～11,50€ │ ➡搭乘S1、S2、S25、S26到S+U
Potsdamer Platz；U2至S+U Potsdamer Platz；
Eichhornstraße在Potsdamer Platz Arkaden 的南
方 │ ⌛1～1.5小時 │ 🌐www.weilands-wellfood.
de │ 🗺P.91

　Weilands Wellfood重視採用當地及季節
性食材做料理，因此每6個月就會換一次
菜單(有冬季菜單及夏季菜單)。而廚房的
烹飪方式也非常彈性，因此每個星期都
會有新的菜色出爐。想要遠離觀光客或
是吃膩重口味食物，這間用心經營的餐
廳絕對值得一試。

一場冰淇淋的文藝復興
Cafè e Gelato

✉Potsdamer Platz Arkaden, Alte Potsdamer Str.
7, 10785 Berlin │ ☎03025297832 │ ⏰平日 10:00
～22:30、週五至23:00；週六 10:00～23:30、週
日10:30～22:300 │ 💲約3～5€，其他餐點冰品
價格不一 │ ➡搭乘S1、S2、S25、S26到S+U
Potsdamer Platz；U2至S+U Potsdamer Platz；
店面在Potsdamer Platz Arkaden H&M附近 │
⌛0.5～1小時 │ 🌐www.caffe-e-gelato.de │ 🗺P.91

　在吃完了正餐之後，來一份源自義大利
手傳技藝的冰淇淋絕對是一大享受。Caffe
e Gelato GmbH&Co.KG於1999年開業，
強調美味、新鮮、健康三大理念，研發出
各式各樣不同的口味，有使用新鮮水果及
優格製作的健康冰淇淋，還有加上托斯卡
尼威化餅乾的巧克力及香草口味 (Dolce
Amaro)。咖啡、茶、手工糕點及三明治應有
盡有，是下午茶時間絕佳的去處。

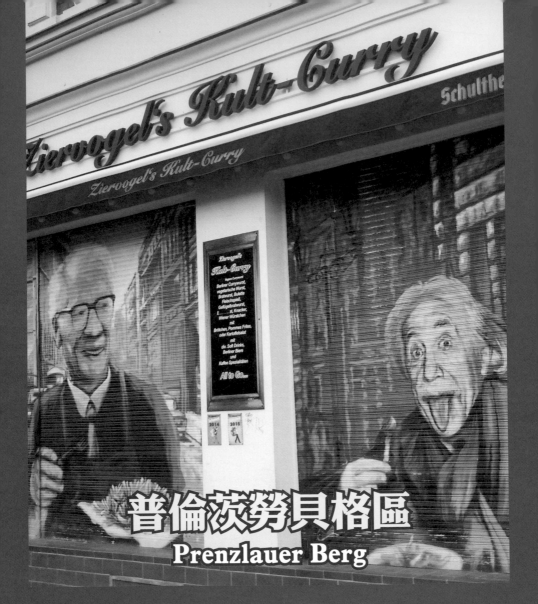

普倫茨勞貝格區
Prenzlauer Berg

普倫茨勞貝格區是今日柏林人口密度最高的地區之一。
這裡一開始只是勞工密集度高的住宅區。二戰後，大部分未被破壞的舊式住宅公寓，
成了冷戰時期反對東德政府的知識、異議分子落腳的地方。1990年後，隨著都市發展，
以及2012～2013年間來自德國西南部的施瓦本人的影響，讓這裡再次轉變成另一種樣貌。
該區今日已被規畫為潘科行政區，然而由於柏林圍牆相關景點亦集中於該區，
因此這個獨特的「普倫茨勞貝格」歷史行政區名稱，仍持續被使用著。

普倫茨勞貝格區

普倫茨勞貝格區

概況導覽

Behmstraße

Max764 Straße
Schivelbeiner Straße

S+U Gesundbrunnen Ⓢ Ⓤ

🄺 柏林地下博物館
Berliner Unterwelten e.V

Ⓢ Ⓤ S+U Schönhauser Allee

Wiesenstraße
Hochstraße
Humboldthain

Brunnenstraße
Pulbusser Straße
Rügener Straße
Gleimstraße

Tylsater Straße
Gleimstraße

Wicher Straße

Ⓢ Ⓤ S+U Wedding

Gartenstraße

Gustav-Meyer-Allee

Graunstraße

普拉特(啤酒)花園 🄺
Pratergarten
• Mauerpark

Schönhauser Allee

Stargarder Straße
Pappelallee
Lychener Str.

Grellstraße

U Reinickendorfer
Ⓤ Straße

Scheringstraße

Hussitenstraße

Ⓤ U Voltastraße

圍牆公園
Mauer Park

Chausseestraße

Gartenstraße

Ackerstraße

Jasminstraße

Wattstraße
Spandaustraße

U Bernauer
Straße

Wollliner Straße

Eberswalder Straße
Ⓔ

Eberswalder Straße

Ⓤ U Eberswalder Str.

文化啤酒廠 🄺
Kulturbrauerei

Danziger Straße

U Schwartzkopfstraße
Ⓤ

Ⓓ

Ruppiner Straße

Swinemünder Straße

Uerberger Straße

Schwedter Straße

Kastanienallee

Knaackstraße

Sredzkistraße

Prenzlauer Allee

Park am
Nordbahnhof

Ⓑ

Ⓒ
Granseer Straße

Fürstenberger Straße

Choriner Straße

Wörther Straße

柏林圍牆紀念區 🄺
Gedenkstätte Berliner Mauer

Ⓐ Bernauer Straße

Anka nse Straße

Fehrbelliner Straße

Jüdischer
Friedhof

科爾維茨廣場 🄺
Kollwitzplatz

U Naturkundemuseum Ⓤ

Zinnowitzer
Straße

Ⓢ S Nordbahnhof

Der Volkspark
am Weinberg

Weinbergsweg

Kastanienallee

Kollwitzstraße

Julie-Wolfthorn-Straße

Bergstraße

Ⓤ U Senefelderplatz

Metzer Straße

Torstraße

Ⓤ U Rosenthaler Platz

Prenzlauer Berg

Bernauer Straße

Eberswalder Straße

柏林圍牆紀念區
Gedenkstätte Berliner Mauer

最重要的圍牆區段及文獻中心

✉ Bernauer Straße 111, 13355 Berlin | ☎ 03046
7986666 | ⏰ 紀念區隨時可參觀 | 💲 免費 | ➡ 搭
乘S1、S2、S25、S26至Nordbahnhof站，巴士
247線至S Nordbahnhof/Gartenstr.站或是Theo-
dor-Heuss-Weg站 | ⧗ 建議3～4小時(全區逛完)
| http www.berliner-mauer-gedenkstaette.de |
MAP P.103

　柏林圍牆紀念區位於著名的貝瑙爾街
(Bernauer Straße)，貝瑙爾街東北方曾是
法國占領區，西南方則是蘇聯占領區。
從北火車站(Nordbahnhof)及一側的「訪
客中心」(Besucherzentrum)，一路向東北
方向穿過貝瑙爾街地鐵站，直到「圍牆
公園」(Mauer Park)分為4個區段，以縱向
街道為界，被規畫為不同的主題區。

　沿著貝瑙爾街步行，街道兩側大樓

側邊的牆壁大圖，重現當年圍牆建造時
以及圍牆下的重要事件。整條路上有如
一間露天博物館，在一個又一個的十字
街口，不同的主題站之間走走停停，體
會當時的情境，隨著照片想像著當時這
條街上因政治因素而被分割為兩邊的情
境，試著體會柏林人民的心情，是對於
這段將近30年的柏林歷史，最好的回憶
方式。以下提供4個區段的介紹。

1.貝瑙爾街房屋牆上的大圖中人物(左上)是著名的東
德逃亡者之一：康拉德·舒曼 / **2.**從文獻中心旁塔台
上看圍區 / **3.**在主題站會有相關的資訊看版，提供該
紀念區參觀的訊息 / **4.**園區內歷史遺址站點

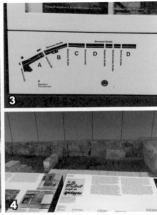

A區段：
Gartenstarße與Ackerstraße之間

主題 柏林圍牆及死亡地帶(Die Mauer und der Todesstreifen)

A區段主要呈現東柏林在獨裁統治下的樣貌，蘇聯政府限制人民行動及言論自由的極端做法，更激起了東柏林人對於自由及生存的意志。那些因政治迫害，為了追求自由而犧牲生命的人們，他們的面貌以及當時所留下的珍貴資料，無論是圖片還是聲音影像，都一一被紀錄了下來，讓世人們紀念。

參觀重點：

1. 幽靈車站(Nordbahnhof)特展：

「Grenzund Geisterbahnhöfe im geteilten Berlin」(分裂時期柏林的邊境及幽靈車站)在東西柏林時期，部分南北向的地鐵同時行經東西柏林屬地(主要為U6及U8線)，因此只要是屬於東柏林的車站，列車只能通行，但不能停站。而東柏林人也無法使用這些車站。因而形成了所謂的幽靈車站(又稱鬼站)。

Nordbahnhof站目前當然已經可以通行，並且有常設展展示在柏林圍牆時期，地鐵等其他地下通道設施被東德政府管制的狀況。(開放時間：同地鐵營運時間)

2. 柏林圍牆訪客中心
(Besucherzentrum)

1樓為相關書籍、紀念品商店，2樓有影視廳，定時放映柏林圍牆歷史紀錄片(英、德文)。(Bernauer Straße119，週二～日10:00～18:00，免費)

3. 文獻中心(Dokumentationszentrum)

1樓為主題展示區，提供1961～1989年之間所有相關歷史文獻資料、圖片及影音紀錄。一旁有瞭望台，可以看到整個紀念園區及柏林電視塔。(Bernauer Straße111，週二～日10:00～18:00，免費)

4. 紀念之窗(Fenster des Gedenkens)

5. 主題站：蘇菲墓園上圍牆(Die Mauer auf dem Sophienfriedhof)及其他主題站

1.文獻中心 / 2.紀念之窗主題站點 / 3.在今日的Nordbahnhof站的特展，以大量的圖片呈現歷史事件 / 4.東西柏林時期有著許多令人感傷的回憶

普倫茨勞貝格區

熱門景點

B區段：
Ackerstraße與
Strelitzer Straße之間

主題 城市的毀壞(Die Zerstörung der Stadt)

這裡將揭開邊境居民的生活故事。政治拆散的不只是一個城市、邊境的建築物，還有一個又一個的家庭。在當時住在該街上的居民，得知圍牆要築起的消息後，陸陸續續地以各種方式離開東柏林。有人從窗戶向下跳，西柏林的人民協助用消防墊接護；有人在地面下挖地道，並且成功通過隧道抵達西柏林。這些種種的行為，只為了脫離蘇聯政權下沒有自由的生活。

參觀重點：
1. 主題站：和解教堂
   (Kapelle der Versöhnung)
2. 主題站：逃亡運動
   (Die Fluchtbewegung)
3. 史達西隧道(Stasi-Tunnel)
4. 逃生隧道57號 (Tunnel 57)

1.2.和解教堂內

C區段：
Strelitzer Straße
與 Brunnenstraße之間

主題 圍牆的建造(Der Bau der Mauer)

本區段的第一個主題是1961～1989年的圍牆建造至倒塌，以及邊境設施的歷史介紹。第二個主題則是邊境前線的監控。這裡監控的不僅是邊境人民的生活言行，也顯示出

牆上圖片中呈現出圍牆築起之際，住在貝瑙爾街上的居民帶著行李逃往西柏林

DDR政權除了透過鎮壓，也透過人民的強制參與而得以維持運作。

參觀重點：
1. 主題站：邊境設施的建造
   (Der Ausbau der Grenzanlagen)
2. 主題站：邊境區的監控
   (Die Überwachung des Grenzgebiets)
3. 主題站：布魯楠街的柏林圍牆
   (Die Mauer an der Brunnenstraße)

D區段：
Brunnenstraße 與
Schwedter Straße之間

主題 圍牆下的生活(Es geschah an der Mauer/Alltag an der Mauer)

本區以Ruppiner街再劃分為兩區段。在這裡可以看到許多地下通道的建造介

西柏林人曾大規模逃到東柏林

玩 家 交 流

　　1988年夏天於Lenné Dreieck的示威活動，曾發生過大規模西柏林人逃到東柏林的事件。Lenné Dreieck是介於Lennéstraße、Bellevuestraße以及Ebertstraße之間的三角區(於今日波茨坦廣場附近)，因為是一片雜草叢生的荒地，所以擁有合法土地權的東德對這個三角區不感任何興趣，於是在建造圍牆時將這個區域的建牆經費省了下來。當時的圍牆，最後只沿Eberstraße建造，在Lennéstraße以及Bellevuestraße則是以欄杆圍住(如照片)。

　　後來西柏林的政府卻想要在1988年7月1日將這個荒地買下(和東德交換土地及現金交易，於該年3月東、西柏林正式簽約)，開發4個車道的公路。西柏林環保人士早就注意到這個議題，並於1988年5月底陸續在這個三角區上入駐占領，形成一個生活小區(Biotop)。

　　在合約正式生效前，這個三角區還是屬於東柏林，西柏林警察只能在欄杆外圍對占領該地的「居民」從遠方沖水柱及丟催淚彈等，試圖驅趕這些人。最後在1988年7月1日當天，西柏林的警察合法進入Kubat Dreieck(當時為紀念左派激進分子Norbert Kubat，這裡被改名為Kubat Dreieck)，對這些「居民」進行撤離的動作。這次的撤離，在不到1個小時內，竟然有200多人直接越牆逃到東柏林，而在圍牆另一端的士兵們早就期待已久，備好了棚車，將這些西柏林的居民接走。這些居民被載走之後，被以非法過境罪名進行了審訊，後來東柏林供這些人一頓早餐，把他們送回西柏林。這次的示威活動演變成了歷史上第一次，也是唯一一次，西柏林人大規模逃到東柏林的事件*。

1.當時西柏林人及觀光客可以在看台上看到Lenné Dreieck及東柏林 / **2.**照片中還可以看到圍牆後方，東柏林的邊境士兵看著西柏林的人(1.2.圖片提供／©Kathrin Geissler)
*註：感謝Kathrin Geissler。她於1988年在柏林讀書，經歷過此事件並將照片與我分享。

紹，以及各個逃離東柏林的故事。甚至曾經有東柏林的邊境軍人撤銷自己的職務，只因為他們也想要逃到圍牆的另一端。

參觀重點：

1. 主題站：圍牆及西柏林
　 (Die Mauer und West-Berlin)

2. 主題站：幫助逃生及挖掘逃生隧道的人們(Fluchthelfer und Tunnelbauer)

3. 主題站：邊境軍人
　 (Die Grenzsoldaten)

4. 主題站：政治下的圍牆及其他主題站
　 (Die Mauer in der Politik)

5. 逃生隧道29號(Tunnel 29)

圍牆公園
Mauerpark
夏日的戶外娛樂中心

✉ Bernauer Straße/Eberswalder Straße 1, 10437 Berlin │ ⏰ 公共區域，隨時開放 │ ➡ 搭乘巴士247路至 Wolliner Str.站下車，步行即達 │ ⏱ 0.5～1小時 │ 🌐 www.visitberlin.de/de/mauerpark │ 🗺 P.103

　　一路走完了柏林圍牆紀念區，貝瑙爾街的盡頭就是圍牆公園了。在冷戰期間，這裡整個區域是禁止通行的，死寂的氣氛可想而知。

　　今日的圍牆公園和柏林其他的公園一樣，充滿活力及生命力，假日會有固定的市集，許多有特色的攤販都會來這裡，無論是文創商品或是和歷史主題相關的小文物，都非常的受到觀光客的歡迎。尤其是每到夏日或是假日總是充滿人潮。公園內也會不定期舉辦跳蚤市集、藝術家市集，甚至也有露天卡拉OK，公園附近有各式各樣的商店及咖啡店，是柏林年輕人、遊客郊遊或是單車族最佳的景點之一。

1.2.圍牆公園隨處可見年輕人的塗鴉畫作

1

2

　　正如柏林圍牆築起的過程，圍牆的倒塌亦非一朝一夕。蘇聯政權跨台之後，圍牆只在一開始被象徵性地破壞，然而其全長約155公里，時至今日仍有許多牆面仍留在原址上。而圍牆破壞的過程，從一開始東西柏林人民迫不及待的「手工拆除」工程，到機械拆除，隨後開始有有心人士將圍牆塊做私藏或買賣。今日無論是從歷史文物保護或觀光層面考量，圍牆的保存及維護絕對是柏林政府的重要任務。

從數字看柏林圍牆

1961/08/13～1989/11/09 (共28年)
西柏林邊境全長：155公里
市區內東西柏林邊境長：43公里
圍牆高度：3.60公尺
每塊圍牆重量：2.75噸
邊境瞭望塔：302座
邊境衛兵(每日)：2,300～2,500人
掩體：20個
1961～1989年西柏林警方統計資料：
成功逃至西柏林人數：大約5,075人
因逃亡而死亡的人數：至少138人

資料來源1：www.berlin.de/geschichte/bau-der-mauer/die-mauer-in-Zahlen
資料來源2：
www.t-online.de/nachrichten/deutschland/id_71208624/fakten-check-die-mauer-in-zahlen-.html
資料來源3：
《Berlin, Potsdam》Verlag:Baedeker

普拉特(啤酒)花園
Prater Garten

柏林百年啤酒花園

✉ Kastanienallee 7-9, 10435 Berlin｜☎ 030448 5688｜🕐 餐廳週一～六18:00起、週日12:00起，啤酒園4～9月12:00起(啤酒園冬季會休息，詳見其官網公告)｜💲 主餐15,50～22,50€｜➡ 搭乘U2至Ebersvalder Straße或是Senefelderplatz站下車｜⏳ 1～2小時｜🌐 www.prater-biergarten.de｜MAP P.103

普拉特花園於1837年開業，在二戰期間不僅倖存下來，在戰後以其酒吧、綜合性活動、歌舞廳、電影院、文化議題活動及餐廳等複合式經營方式，成功吸引了更多當地人及觀光客前來。今日遊客們可以在這裡品嘗到柏林當地啤酒、特色菜，最重要的是與這間柏林最古老的啤酒花園來一趟時光之旅。

百年啤酒花園Prater Garten

旅行小抄

栗樹大道和奧德柏格街用餐好去處

逛完了圍牆公園之後，要轉換一下心情，可以再繼續往Ebersvalder Straße地鐵站走。栗樹大道(Kastanienalle)和奧德柏格街(Oderberger Straße)是普倫勞茲貝格區兩條最主要的購物及美食街道，許多非主流小店及二手名牌店，或是特色文創小品店都聚集在栗樹林蔭大道，內行人才知道要來這裡挖寶找紀念品。因此，若想要在普拉特啤酒園或是其他餐廳用餐，可以往這2條街走，這裡有許多的特色餐廳，尤其是到了晚上，絕對是和朋友喝啤酒相聚的好去處。

1.2.4.栗樹大道以及奧德柏格街上餐廳和小店家很多 / **3.**和朋友在Kastanienalle 85號的morgenrot，喝上一瓶北德特有的Störtebecker啤酒

文化啤酒廠
Kulturbrauerei

文藝青年的好去處

✉ Schönhauser Allee 36, 10435 Berlin | ☎ 0304 4352170 | ⏰ 各館開放時間不同,建議上網先查詢要參加的活動,再看其開放時間 | 💲 免費 | ➡ 搭乘U2至Eberswalder Straße或是Senefelderplatz站下車,在兩站之間 | ⏳ 約2小時 | http www.kulturbrauerei.de | ❓ 該文化園區由許多建築物構成,入口處有3個:Knackstraße 97, Sredzkistraße 1 或是Schönhauser Allee 36 | MAP P.103

文化啤酒廠是一棟19世紀後期的工業遺產,新浪漫主義式的砌磚式建築,今日已經是普倫勞茨貝格區的複合式文化區,結合劇場、電影院,藝術及音樂活動,還有夜總會。夏日的時候,文化啤酒廠建築群的庭院舉辦不定期派對和節慶活動,冬季也可以參加有特色的聖誕節市集。

1.文化啤酒廠Maschinenhaus / **2.**文化啤酒廠獨特的建築風格

科爾維茨廣場
Kollwitzplatz

紀念畫家凱特·科爾維茨

✉ Kollwitzstraße 59, 10405 Berlin | ⏰ 公共區域 | 💲 免費 | ➡ 搭乘U2至Senefelderplatz站下車,在Jüdischer Friedhof後方。步行數分鐘即達 | ⏳ 0.5小時 | http www.berlin.de/sehenswuerdigkeiten (右上方Suchebegriff輸入Kollwitzplatz) | MAP P.103

該廣場位於普倫勞茨貝格區大約中心處,以納粹時期著名女畫家凱特·科爾維茨(Käthe Kollwitz)命名。科爾維茨曾在廣場附近的公寓居住多年,她出身貧困,再加上她的兒子在第一次世界大戰時陣亡,呈現出社會底層生活、反戰及亡子之痛的母親系列作品為她帶來了不少麻煩,其畫作在當時被認為具有反叛思想。然而她的畫作終於在今日被重新賦予新的歷史意義及價值。廣場每週四12:00~19:00會有有機市集(Ökomarkt),非常受到當地人的喜愛。

旅行小抄

柏林第二古老的猶太人公墓
(Jüdischer Friedhof)

位於科爾維茨廣場西南側,有一座將近200多年歷史的猶太人公墓,是柏林最古老的猶太人墓地之一。這裡有超過750個家庭墓以及2萬多個個人墓,許多知名的猶太人都安息於此。

柏林地下博物館
Berliner Unterwelten e.V
柏林黑社會

✉ Brunnenstraße 105, 13355 Berlin(該館屬於米特行政區的Wedding，但地理位置上較接近本章節所介紹的景點) | 📞 03049910517 | 🕐 週四〜10:00〜16:00、週二〜三10:00〜14:00 | 💲導覽12€起 (特別導覽的價格不同) | ➡ 搭乘S1、S2、S25、S20、S41、S46或是U8至Gesundbrunnen站下車；巴士247亦至Gesundbrunnen站。下車後往公園方向走，博物館在Kaufland旁邊 | ⌛ 2〜3小時 | 🌐 www.berliner-unterwelten.de | ❓ 德語導覽共有11種不同主題，可以當天現場報名的為(Öffentliche Führungen: Touren1、2、3、M及S，以上5個主題提供英、德、西文。特別導覽需要電話預約)。參觀時請保暖衣物(地下通道全年溫度約8〜14度)。勿飲食及拍照。兒童7歲以上才能參觀，Tour A需14歲以上。其他導覽注意事項至官網後點選 fuerungen再選wichtig hinweise，可用網頁翻譯成中、英文 | 🗺 P.XX |

想要認識柏林光鮮亮麗下的另一面，一定要來參加最特別的柏林地下博物館導覽。在這裡可以參觀到不同時期的歷史原址之遺跡，例如納粹時期建造的炮塔歷史，以及二戰時期的防空洞及掩體，甚至還有在圍牆時期所挖掘的隧道。目前這些遺蹟都由柏林地下世界協會負責規畫為博物館，提供定時定點的收費導覽。博物館根據建築結構及功能結合歷史事件，參考大量文獻，策畫不同的主題導覽路線，由專業的導覽人員帶領觀光客，一同了解那些曾經不為人知的地下世界。

導覽主題：

1. **Tour 1 Dunkle Welten**：黑暗世界，二次世界大戰時德國人在空襲下的生活。
   (約90分鐘，12€)

2. **Tour 2 Vom Flakturm zum Trümmerberg**：從高射炮塔到廢墟
   (僅4〜10月開放，約90分鐘，12€)

3. **Tour 3 Atombunker im Kalten Krieg**：冷戰時期的地鐵及防空洞
   (約90分鐘，12€)

4. **Tour M Unterirdisch in die Freiheit**：柏林圍牆時期—地下的自由
   (約120分鐘，15€)

5. **Tour S Der Schwerbelastungskörper**：帝國時期的神祕遺產
   (約60分鐘，6€)

1.圍牆時期挖掘隧道之用具 / 2.柏林地下博物館看板 / 3.Tour M這扇門帶領參觀者進入柏林地下世界 / 4.導覽過程中，黃色背心人員全程陪同。會搭地鐵到柏林圍牆紀念地，簡單介紹後，再次進入另一個地下通道

蒂爾加滕及夏洛騰堡區
Tiergarten und Charlottenburg

布蘭登堡門以西的蒂爾加滕公園及夏洛騰堡區，
座落著象徵普魯士王國光輝時刻的勝利紀念柱、新古典主義風格的宮殿建築；
這裡亦有世界級的購物商場KaDeWe以及最時尚的購物商圈庫達姆大街，
是喜愛精品名牌的遊客不可錯過的聖地。
本篇也介紹有「德國牛津小鎮」之稱戴姆勒區的兩個景點：柏林自由大學、柏林植物園
（植物園博物館），以及Grünewald區受到許多年青人喜愛的前美軍監聽站基地：魔鬼山丘。

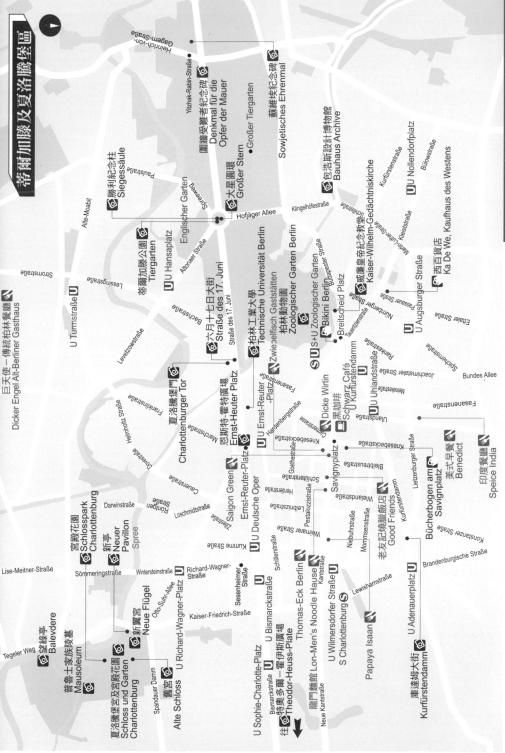

Heinrich-von-Gagern-Straße

Yitzhak-Rabin-Straße

圍牆受難者紀念碑
Denkmal für die
Opfer der Mauer

蘇維埃紀念碑
Sowjetisches Ehrenmal

Großer Tiergarten

勝利紀念柱
Siegessäule

Paulstraße

大星圓環
Großer Stern

包浩斯設計博物館
Bauhaus Archive

Klingelhöfestraße

Kurfürstenstraße

U Nollendorfplatz

Bülowstraße

Alte-Moabit

Stromstraße

Englischer Garten

Hofjäger Allee

Spreeweg

威廉皇帝紀念教堂
Kaiser-Wilhelm-Gedächtniskirche

Kleiststraße

Martin-Luther-Straße

西百貨店
Ka De We, Kaufhaus des Westens

蒂爾加勝公園
Tiergarten

U Hansaplatz

Altonaer Straße

Bachstraße

Bikini Berlin

Budapester Straße

Breitscheid Platz

Nürnberger Straße

U Augsburger Straße

Eisler Straße

Passauer Straße

Spichernstraße

Lessingstraße

Levetzowstraße

Straße des 17. Juni

六月十七日大街
Straße des 17. Juni

柏林工業大學
Technische Universität Berlin

Zwieckelfisch Gaststätten

柏林動物園
Zoologischer Garten Berlin

S+U Zoologischer Garten

Tauentzienstraße

U Turmstraße U

Frankenstraße

Helmholtz Straße

Dovestraße

恩斯特·霍特廣場
Ernst-Heuter Platz

U Ernst-Reuter
-Platz

Dicke Wirtin

Hardenbergstraße

Schwarz Café
U Kurfürstendamm

U Uhlandstraße

Rankestraße

Joachimstaler Straße

Bundes Allee

夏洛騰堡門
Charlottenburger Tor

Marchstraße

Fasanenstraße

黑咖啡

Uhlandstraße

Fasanenstraße

Saigon Green

Ernst-Reuter-Platz

Knesebeckstraße

Savignyplatz

Bleibtreustraße

Knesebeckstraße

Lietzenburger Straße

美式早餐
Benedict

印度餐廳
Speice India

宮殿花園
Schlosspark
Charlottenburg

新亭
Neuer
Pavillon

Darwinstraße

Röntgenstraße

Loschmidtstraße

U Deutsche Oper

Schillerstraße

Herderstraße

Goethestraße

Schlüterstraße

Leibnizstraße

Krumme Straße

Savignyplatz

Wielandstraße

Pestalozzistraße

Weimarer Straße

Niebuhrstraße

Mommsenstraße

老友記燒腦飯店
Good Friends

Bücherbogen am
Savignyplatz

Konstanzer Straße

Spree

Lise-Meitner-Straße

Sömmeringstraße

Wintersteinstraße

Richard-Wagner-
Straße

U Richard-Wagner-Platz

夏洛騰堡宮及宮殿花園
Schloss und Garten
Charlottenburg

新翼宮
Neue Flügel

Sesenheimer
Straße

U Bismarckstraße

Thomas-Eck Berlin

U Wilmersdorfer Straße
S Charlottenburg

U Adenauerplatz

Brandenburgische Straße

望綠亭
Belvedere

Tegeler Weg

普魯士家族陵墓
Mausoleum

舊宮
Alte Schloss

Spandauer Damm

Otto-Suhr-Allee

Kaiser-Friedrich-Straße

U Sophie-Charlotte-Platz

往特奧多爾－霍伊斯廣場
Theodor-Heuss-Platze

龍門麵館 Lon-Men's Noodle House
Kantstraße

Neue Kantstraße

Lewishamstraße

Papaya Isaan

庫達姆大街
Kurfürstendamm

巨天使－傳統柏林餐廳
Dicker Engel Alt-Berliner Gasthaus

六月十七日大街
Straße des 17. Juni

紀念東德六一七事件

✉ Straße des 17. Juni, 10623 Berlin | ➡ 搭乘S1、S2、S25、S26或U55至Brandenburger Tor站下車，巴士100路至Brandenburger Tor站下車。下車後過布蘭登堡門即是Straße des 17. Juni | ⏱ 0.5～1小時 | 🌐 www.berlin.de/sehenswuer-digkeiten (輸入Straße des 17. Juni) | 🗺 P.113

六月十七日大街寬85公尺、長3.5公里，是柏林東西軸心大道(West-Ost-Achse)。西起於Ernst-Reuter Platz，向東貫穿蒂爾加滕公園至布蘭登堡門。二次大戰之前名為夏洛騰堡道(Charlottenburger Chaussee)，之後為了紀念1953年東德六一七勞工罷工事件，西柏林特將此大道更名。

參觀大街可以步行、騎單車，或是偶爾走進一旁的蒂爾加滕公園，感受歷史的洗禮以及暢遊在蒂爾加滕公園中心的愉悅感。唯一要留心的是，六月十七日大街也是柏林最常實施交通管制的街道(如柏林馬拉松活動、世界足球賽期間、跨年、10月3日國慶日)，規畫行程時可以先上網查詢。🌐 www.berlin.de

參觀重點(由東向西)：
1. 蘇維埃烈士紀念碑
   (Sowjetisches Ehrenmal)
2. 圍牆受難者紀念碑
   (Denkmal für die Opfer der Mauer)
3. 大星圓環(Großer Stern)：以勝利紀念柱為中心而圍成的圓環道路，五條放射狀的大道從空中俯瞰像是一顆大星星，使得該圓環有Großer Stern之稱
4. 勝利紀念柱 (Siegessäule)
5. 夏洛騰堡門 (Charlottenburger Tor)
6. 柏林工業大學
   (Technische Universität Berlin)
7. 恩斯特－霍特廣場
   (Ernst-Reuter Platz)

1.從勝利紀念柱上往西看六月十七日大街及夏洛騰堡區 / 2.夏洛騰堡門 / 3.蘇維埃烈士紀念碑 / 4.廣場上常有遊客獻花紀念因戰爭而死亡的蘇軍

Tiergarten und Charlottenburg

勝利紀念柱
Siegessäule

普魯士的榮耀

✉ Großer Stern 1, 10557 Berlin │ ☎ 0303912961 │ ⏱ 4～10月平日09:30～18:30、週末至19:00；11～3月平日09:30～17:30、週末至17:30。12/24休息 │ 💲 登觀景台3€，優惠價2,50€ │ ➡ 搭車巴士100、106、187路至Großer Stern站下車即達目的地 │ ⏳ 約0.5小時 │ http www.strassedermonumente.de │ MAP P.113

在柏林，民眾稱勝利紀念柱上的維多利亞女神為金艾爾沙(Goldelse)。19世紀末，在鐵血宰相奧圖・馮・俾斯麥的領導下，打下接連勝利的三場戰爭：1864年的普丹戰爭、1866年有「兄弟之戰」之稱的普奧戰爭，以及最後象徵德意志帝國在歐洲稱霸的普法之戰，紀念柱下方的花崗岩基座上的浮雕，即是戰場上的殺戮情境為主題。最後由普魯士王國帶領了德意志帝國走向統一之路。勝利紀念柱正是紀念著這三場德意志統一的成功。

不可錯過的是挑戰285階的旋轉樓梯，登上43公尺的瞭望台，近距離的和維多利亞女神一起感受普魯士的榮耀。(欲登上勝利紀念柱觀景台，要從圓環四周入口處的人行隧道前往。)

1.基座上圓形門廊後方的馬賽克牆 / **2.**勝利紀念柱

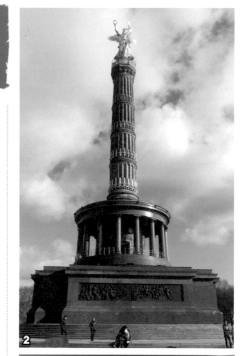

旅行小抄

布賴特沙伊德廣場

位於柏林動物園轉運站一旁的布賴特沙伊德廣場(Breitscheidplatz)，是東西柏林分治時期西柏林最重要的市中心，有如當時東柏林的亞歷山大廣場。威廉皇帝紀念教堂即位於該廣場上，同時廣場也在二戰後的數十年間，有計畫地被打造成歐洲商業中心，高樓大廈林立在廣場上，和柏林其他地區有完全不一樣的景像。從廣場出發，通往西柏林最重要的兩條大街：康德大街以及庫達姆大街。

布賴特沙伊德廣場夜景

庫達姆大街
Kurfürstendamm

精品時尚大道

✉ Kurfürstendamm, 10709 Berlin │ ➡ 搭乘U1或
U9至Kurfürstendamm站下車即達 │ ⧗ 2～3小時
│ http www.kurfuerstendamm.de │ MAP P.113

庫達姆大街，又稱「選帝候大街」。
長約3.5公里，東邊起銜接的是Tauentzien-
straße，西邊沿伸至Halensee，接近Grüne-
wald，由Hubertusallee接續。在當時，由
於此條大道只允許選帝侯的家族成員通
行，因此而得名。1920年起，許多戲院及
電影院如雨後春筍般的出現。目前沿路上
林立著豪華飯店、餐廳、酒吧及電影院，
國際知名時裝配件品牌的德國旗艦店紛紛
在這裡駐點，這裡無疑是柏林最高貴時尚
的漫步大道。

參觀重點：

Café Kranzler 與 Kranzler Eck

在庫達姆大街與Joachimstaler Straße的
交叉口，有一間紅白色雨篷的咖啡廳，
正是西柏林有著百年歷史的傳奇咖啡屋
Café Kranz-ler。1893年，這裡原本是一家

小咖啡廳，在1932年轉營運為Café Kranzler
連鎖咖啡廳。二戰後，咖啡廳被轟炸得
只剩廢墟，直到1951年才開始重建再重
新營業。數年後，這個角落(Eck)附近建
築物不斷地被擴建，漸漸地成為庫達姆
大街最重要的商業區，並被當地人以咖
啡廳名字命名為「Kranzler Eck」。1997
年，由索尼中心的建築設計師Helmut
Jahn，同樣是以中央廣場四周環繞玻璃大
樓的概念，將這個區域全新打造為Neues
Kranzler Eck。

- -
1.2.3.庫達姆大街街景 / 4.Kranzler Eck中央廣場
一景

威廉皇帝紀念教堂
Kaiser-Wilhelm-Gedächtniskirche

Hohler Zahn 高齒

✉Budapester Straße 50, 10789 | ☎03021850 23 | 🕐教堂：9:00～19:00、紀念廳：平日10:00～18:00、週六10:00～17:30、週日12:00～17:30。耶穌受難日(Karfreitag)休館 | 💲免費 | ➡搭乘U1或U9至Kurfürstendamm站下車往東走數分鐘即達；巴士100路至Breitscheidplatz站下車步行數分鐘即達 | ⏳0.5～1小時 | 🌐www.ge-daechtniskirche-berlin.de | ❓每日都會有免費的教堂導覽 | 🗺P.113

該教堂是柏林重要的地標之一。這裡曾經是許多街頭商人與音樂人聚集的地方，威廉皇帝二世登基之後，立即下令建造教堂以紀念威廉皇帝一世。教堂的西側塔樓原為113公尺高，二次大戰受到轟炸之後，僅剩68公尺，受損後的塔樓頂部呈現巨齒狀，因此又有高齒(Hohler Zahn)之稱。柏林人不但在戰後保留了這個在當時曾風靡一時的新羅馬式建築，更在建築師Egon Eiermann的打造下，在教堂周圍建立了六邊形的鐘樓、八邊形的教堂中殿、禮拜堂及前廳，形成了一個新舊建築合一的建築群。

教堂內部的馬賽克式屋頂(原跡)、大理石浮雕以及禮拜儀式物品是參觀的重點

特奧多爾—霍伊斯廣場
Theodor-Heuss-Platz

象徵人權的永恆之火

✉Theodor-Heuss-Platz | 🕐公共區域 | ➡搭乘U2至Theodor-Heuss-Platz站下車，出口即達廣場 | ⏳約0.5小時 | 🌐www.berlin.de 官網，右上方輸入Theodor-Heuss-Platz | 🗺P.113

從六月十七日大街西端的Ernst-Reuter-Platz，再繼續往西走，接近Westend區，可以看到一個有著藍色方尖塔的廣場，這裡就是以德國第一位總理命名的特奧多爾—霍伊斯廣場。廣場建於20世紀初，一共與7個路口交會，當時是作為Neu Westend住宅區周圍道路的緩衝區。廣場上的「永恆之火紀念碑」於1955年建造，並由總理Theodor Heuss點燃火焰，紀念當時德國驅逐受害者同胞。廣場上醒目的藍色方尖塔建造於1995年，為一裝飾性靜止噴泉。

1.藍色方尖塔，是由鮮明的藍色吹玻璃製成的立方體所堆疊組成的藝術品 / 2.「永恆之火紀念碑」上寫著自由、人權與和平

FREIHEIT RECHT FRIEDE

夏洛騰堡宮及宮殿花園
Schloss und Garten Charlottenburg
柏林最大的普魯士家族宮殿

✉Spandauer Damm 10-22/Luisen Platz, 14059 Berlin｜☎030320910｜🕐冬季週二～日10:00～16:30(聖誕節及新年開放時間請上網查詢)、夏季(4～10月)週二～日10:00～17:30；週一均休館｜💲舊宮(含導覽或語音導覽)成人12€、優惠票8€；新翼宮(含語音導覽)成人10€、優惠票7€。夏洛騰堡宮套票(Ticket charlottenburg+)成人票17€、優惠票13€。攝影許可費用3€｜➡搭乘S25、S41、S46至Westend站，下車後轉巴士M45號至Klausenerplatz站；或是U7至Richard-Wagner-Platz站，下車後轉巴士M45至Luisenplatz/Schloss Charlottenburg站。巴士M45至上述兩站均可達｜⏳2～3小時｜🔗www.spsg.de｜❓主要建築物1樓僅開放導覽陪同參觀。2樓及新翼宮(及腓特烈大帝的私人房間，不需導覽陪同)｜🗺P.113

　霍亨佐倫家族(Hohenzollern)在17世紀初繼承了普魯士王國，這座原本為選帝侯腓特烈三世送給愛妻蘇菲·夏洛騰的夏宮，在選帝侯正式成為腓特烈大帝後，開始被擴建。在接下來幾代的霍亨佐倫統治者，都非常喜愛這個地方，並且依照各自的喜好，改建宮殿內的房間或是在宮殿花園增建樓館。一直到了腓特烈大帝二世，才將整個普魯士王朝的生活重心移至柏林郊區外的波茨坦市(後來建造了無憂宮)。然而夏洛騰堡宮內外，一直到今日都仍保留其昔日的王朝風範，而普魯士王國輝煌的歷史也一直隨著宮殿留傳下來。

　夏洛騰堡宮分為舊宮及新宮，今日宮殿作為博物館之途，有兩個入口，由前正門進入的是舊宮，宮殿右邊是新翼宮的入口。左側皇宮戲院及內部可以看到華麗

的小房間，以及腓特烈大帝收藏的瓷器及精品，被譽爲「世界第八大奇蹟」的琥珀屋，亦是宮殿重要的參觀項目之一。

參觀重點：

1. 舊宮(Altes Schloss)

瓷器室(Prozellankabinett)、重建後的宮殿小教堂(Schlosskapelle)。

2.「布蘭登堡大選帝候」威廉‧腓特烈的騎士雕像(Reiterdenkmal des Großen Kurfürsten)

3. 新翼宮(Neue Flügel)

收藏浪漫時期時畫作。同時也可一睹腓特烈大帝許多裝飾精緻的房間，內有他個人的畫作，以及各式稀奇珍品。金色畫廊(Goldene Galerie)於18世紀末建造，是當時普魯士華麗洛可風格的代表。

4. 宮殿花園(Schlosspark Charlottenburg)

在宮殿後方，是柏林最美的花園之一，在市政府細心的照料下，園內的植物種類及整體景觀隨著季節更換。

1.夏洛騰堡宮殿 / 2.4.宮殿花園景色 / 3.腓特烈大帝一世為父親大選帝候(Der Große Kurfürst)所設立的騎士雕像 / 5.宮殿前方有兩座博物館，分別為Museum Berggruen和Sammlung Scharf-Gerstenberg / 6.望綠亭

a.新亭(Neuer Pavillon)：位在宮殿的最右方，由普魯士知名建築設計師申克爾在腓特烈大帝出遊那不勒斯後，打造的那不勒斯風格的新亭，內部收藏部分浪漫時期的畫作。

b.望綠亭(Belevdere)：望綠亭曾是威廉‧腓特烈大帝二世的茶館。這裡內收藏了大量由柏林皇家手工瓷器廠(KPM, Königliche Porzellan-Manufaktur Berlin GmbH)製作的瓷器，從洛可可到畢德麥爾時期珍貴的單件作品都在其中。

c.普魯士家族陵墓(Mausoleum)：在花園大約中心的位置，一樣是由申克爾設計的多立克柱式前廳的寺廟。這裡長眠著路易莎皇后、威廉一世皇帝及其妻子。

119

普魯士王國御用建築設計師：卡爾‧腓特烈‧申克爾

舉凡柏林老博物館、位於御林廣場的柏林音樂廳、在菩堤樹下大街北側的新崗哨(Neue Wache，現名德意志聯邦共和國戰爭與暴政犧牲紀念館)、巴貝斯貝格宮殿等，都是出自於普魯士王國最有名的建築大師：卡爾‧腓特烈‧申克爾(Karl Friedrich Schinkel 1781～1841)之手。他在當時任職普魯士時期最高營建部門的官方職位，除了親自設計提案，他也經手審核了大部分普魯士所有設計建案。

申克爾將天賦，以及後天對於義大利及希臘古典建築的熱愛，成功地將才賦呈現在建築、繪畫、雕塑、舞台設計等方面，1816～1834年可以說是他創作的高峰，在柏林及波茨坦，甚至歐洲都掀起了新古典主義建築風格的風潮，並且深刻地影響至後代的建築設計。今日在施普雷河畔邊(博物館島對岸)的申克爾建築學院(Schinkelsche Bauakademie)，以及學院北方的申克爾廣場(Schinkelplatz)，均是以申克爾命名，以紀念這位偉大的新古典主義建築師。

研究柏林建築，不可不知申克爾

包浩斯設計博物館
Bauhaus Archive

德國建築學術之奠基

✉ (臨時館地址) Knesebeck Straße 1-2, 10623 Berlin │ ☎ 0302540020 │ 🕐 週一～六10:00-18:00，週日休館 │ 💲 免費 │ ➡ 搭乘U2或是巴士245、M45路至Ernst-Reuter-Platz下車，步行數分鐘即達 │ ⌛ 1小時 │ 🌐 www.bauhaus.de │ 🗺 P.113

包浩斯設計博物館展示了20世紀最具代表性的建築、藝術及設計學派之歷史與對今日的影響。包浩斯於1919年成立藝術建築學校，強調實務與理論的結合，藝術設計及工業技藝的整合。在德國的藝術設計及建築史上，包浩斯文化有著非常重要的地位，尤其是其功能主義以及樸素風格的設計元素。2019年適逢包浩斯學院100週年，原本位於Klingelhöfer Straße 14號的本館於2018年開始進行為期預計5年的大規模整修，目前可以前往臨時館參觀。
(臨時館：The temporary Bauhaus Archive/ Museum für Gestaltung)

1.2.書卷書店內的百年包浩斯書展

柏林動物園
Zoologischer Garten Berlin
世界最多種類的動物園

✉ Hardenbergplatz 8(獅門)/ Budapester Straße 34(象門), 10787 Berlin｜📞 030254010｜🕐 9:00 營業，16:30～18:30結束營業(詳細結束營業時間請上網查詢，www.zoo-berlin.de/de/besuch-planen/oeffnungszeiten｜💲 成人15,50€(水族館套票21€)、兒童8€(水族館套票10,50€)。家庭套票另有優惠。可上網查詢www.zoo-berlin.de/de/tickets｜➡ 搭乘S3、S5、S7、S9；U9、U2或是巴士245、M45、109、M46，以上交通方式均至S+U Zoologischer Garten Bhf站下車後，步行至 Budapest Straße 32此處為象門入口｜🕓 半日或一日｜MAP www.zoo-berlin.de｜http P.113

1.動物園入口非常具有東方色彩的象門 / 2.在動物園一旁的水族館 / 3.源自於非洲的彎角劍羚

柏林動物園是德國最早的動物園(1844年)。二戰時，在短時間內幾乎全毀，原本4,400隻動物只有約100隻存活。目前園內以超過1,400種種類、數量超過18,600隻的動物成爲世界之冠。動物園創始人之一是有「德國自然科學之父」之稱的亞歷山大‧馮‧洪堡。動物園的入口處之一，是充滿東方色彩的象門，在一旁的水族館Aquarium(Budapester Straße 32, www.aquarium-berlin.de)是歐洲最大的水族館，可一同參觀。

參觀重點：
1. 大猩猩家族館
   (Affenhaus mit der Gorillafamilie)
2. 夜行性動物館(Nachttierhaus)
3. 河馬池(Flusspferdbecken)
4. 巨獸(Kolosse)
5. 羚羊館(Antilopenhaus)

知識充電站
柏林是世界唯一有兩座市立動物園的城市！

在東西柏林分治之後，柏林當時唯一的動物園變成了只有西柏林市民才能入園參觀。因此在東柏林市民的期盼下，1955年在Friedrichsfelde區的Schloss Friedrichsfelde城堡公園旁也建造了一座柏林動物園(Tierpark)，雖然物種及數量沒有西柏林的多，但占地160公頃的面積讓它一舉成了歐洲最大的動物園，(西區的則占地35公頃)。Tierpark以育種非洲大象、猴子及其他稀有物種為名。(www.tierpark-berlin.de, Am Tierpark 125，10319 Berlin)

柏林植物園及植物博物館

在柏林動物園的南方，也就是位於Steg-litz-Zehlendorfd行政區裡有德國牛津小鎮之稱的達勒勒(Dahlem)，搭乘S1通勤電車到Botanischer Graten站，就可以抵達隸屬於柏林大學植物園藝系的柏林植物園及植物博物館(Botanischer Garten und Botanisches Museum Berlin)。園內結合遊覽及研究，是專業人員及親子家庭都可以來的好地方。

園內收藏了22,000種以上的植物，其種類繁多亦是歐洲數一數二的。夏季時，園區會安排一日「植物園之夜」(Botanische Nicht)，時間從17點至隔日的凌晨2點，讓遊客與無數美麗的植物與花朵共度夏日長夜。(www.bgbm.org, Königin-Luise-Straße 6-8, 14195 Berlin)

1.深紫鳳巢梨(Nidularium)，是來自巴西的品種 / 2.金琥(Echinocactus grusonii)是墨西哥沙漠地帶的仙人掌種類之一 / 3.植物園外一景 / 4.植物園裡的溫室區及其前方露天咖啡廳 / 5.7月初植物園裡展出來自印尼的巨花魔芋(Titanenwurz)，開花期只有3天，開花時會發出一股屍臭味

柏林自由大學

柏林自由大學(Freie Universität Berlin, FU Berlin)是德國頂尖的菁英學校之一同樣位於達勒姆小鎮內。1948年12月4日在市長Ernst Reuter的帶領下成立，從蘇聯占領區下出走的柏林大學師生，於西柏林重新建立起自己的學術圈。1954年藉由福特基金會的協助，大學主樓Henry-Ford-Bau以及大學圖書館成立。

接續幾年來，陸續有了社會人文科學教學樓Rostlaube及Silberlaube，2015年在建築群(Gebäudekompex Habelschwerdter Allee 45)裡又新增了大樓Holzlaube提供給新科系如歷史及文化科學系做使用。今日學校的教學立基於透過大量的語言及歷史科學經典教學，在社會人文學科學方面為專業。(www.fu-berlin.de，Kaiserswerther Straße 16，14195 Berlin)

魔鬼山丘

玩家交流

　　魔鬼山丘(Teufelsberg im Grünewald：Abhörstation Teufelsberg)以一旁的魔鬼湖而命名，這個地方在納粹時期被規畫為納粹的軍事學院，後來沒有完工。二戰之後，這裡卻成了戰後城市廢棄瓦礫的堆棄場之人造山。美軍和英軍則是利用地勢之便，在這裡建造了監聽站，企圖掌握蘇聯在鐵幕後的一舉一動。隨著東西柏林統一後，這個地方幾度被收購租用又被棄置。

　　最後這裡終於被有心人士租用後，隨即邀請了許多柏林的藝術家來進行創作，巧妙地利用現有的建築結構規畫了畫展。今日，魔鬼山的氣氛不同以往，這裡是柏林人夏日的避暑聖地，冬季亦可以滑雪橇。

　　我這次到魔鬼山丘旁的另一個山頭，從這裡可以從遠處拍攝到該景點。接近傍晚時分，雖然是2月很冷的天氣，仍有許多當地人前來觀賞夕陽，也有情侶帶著野餐墊、保溫瓶裝的熱飲及小點心，特地爬上山頭度過午後時光。

　　魔鬼山提供完整的導覽解說服務，還有歷史主題之旅(週末13:00德語、15:00英語。節日及週五下午14:00德語，均無需預約)，詳細開放時間、門票及導覽資訊請見網站。http www.teufelsberg-berlin.de

　　交通：搭乘S5往Spandau方向，在Heerstraße站下車後，沿著Teufelssee-chaussee一直直走，到第二個停車場後向上走，再直走穿過森林，看到籬笆後往左走就可以看到入口處了。

1.旅行時看到柏林人如此的生活方式，讓人倍備感輕鬆愜意 / **2.**Herrstraße車站 / **3.**前美軍監聽站

逛街購物

Ka De We, Kaufhaus des Westens
西百貨店

✉ Tauentzienstraße 21-24, 10789 Berlin │ ☎ 03 021210 │ ⏰ 週一～四10:00～20:00、週五10:00 ～21:00、週六09:30～20:00、週日13:00～18:00 │ 💲視個人消費而定 │ ➡ 搭乘U3、U1、U2至U Wittenbergplatz站下車；巴士M19、M29、M46 至U Wittenbergplatz站下車 │ ⌛ 1～2小時 │ http www.kadewe.de │ MAP P.113

　　西百貨店占地約6,000平方公尺，有 2,000多名員工，超過38萬種商品，每日 迎接將近5萬多名顧客前來消費，在聖誕 節時期顧客數量多達10萬人次。值得一 提的是百貨公司內的超市及食品品牌種 類都非常豐富及齊全，想要一次購齊國 際美食名品，來這裡就對了。

1

旅行小抄

庫達姆大街及其他特色街道

　　以布賴特沙伊德廣場為中心順時針方向 的主要街道有Tauentzienstraße、庫達姆 大街(Kurfürstendamm)以及Kantstraße， 由這個廣場及3條西邊柏林的大街交會區， 柏林向國際世界展現自己最時尚、最潮流 的舞台。Tauentzienstraße的商店消費價 格較庫達姆大街親民，但品牌也是相當的 不錯，康德大街則是以各式各樣的亞洲料 理聞名，甚至有柏林的China Town之稱。

　　在庫達姆大街至Lietzenburger Str. 區 段之間的Fasanenstraße，是非常美麗的 街道，兩側有許多具設計感的商店以及畫 廊，Fasanenstraße 24號則是東德時期藝 術家Käthe Kollwitz Museum的個人博物館。

庫達姆大街附近的特色街道也值得逛逛喔

1.2西百貨店內有著頂級的購物環境

2

柏林最前衛的新型購物中心

Bikini Berlin 🛍

✉ Budapester Straße 38-50, 10787 Berlin | 📞 03055496455 | 🕐 週一～六10:00～20:00、週日休息 | ➡ 搭乘U2、U9至S+U Zoologischer Garten Bhf；巴士100、200路至Breitscheidplatz站下車 | ⌛ 1～2小時 | http www.bikiniberlin.de | MAP P.113

　　地鐵動物園站的Bikini Berlin購物中心屬於Bikinihaus文化保護遺產的一部分，曾於2013年進行整修及重新規畫過。目前結合酒店、美食廣場、超過60家商品專賣店、藝文中心、秀場、展覽，還有新型創業型態——Pop Up Boxes，在這裡任何新穎的創業點子，都可以在這裡找到自己的小空間，並且進行市場實驗(場地租用3～12個月)。建築物從內到外，從藝術家到顧客之間的互動展現出柏林追求新潮、特立獨行以及自由不羈的性格。商場使用大量的落地窗設計，在購物的同時，也可以觀賞一旁動物園裡小生物們的動態哦！

1.2.Bikini Berlin以非主流之獨立藝術創意品牌為經營方向

愛書人的天堂

Bücherbogen am Savignyplatz 🛍

✉ Stadtbahnbogen 593, 10623 Berlin | 📞 0303 1869511 | 🕐 平日10:00～20:00、週六10:00～19:00、週日休息 | 💲 視個人消費而定 | ➡ 搭乘S3、S5、S7、S9、S75至Savignyplatz站；U1至Uhlandstraße站下車，步行五分鐘即達；巴士M49、X34至Savignyplatz站 | ⌛ 1小時 | http www.beucherbogen.com | MAP P.113

　　若是在柏林學習藝術、設計、攝影、電影、建築的莘莘學子可千萬不能錯過這家主題書店。書店成立於1980年，位於薩維尼廣場旁，通勤電車軌道下方，Bücherbogen一口氣橫跨了4個電車拱門，這裡有最專業的建築、藝術等書籍種類，連當地的相關科系學生都喜歡來這裡挖寶。

書店就位於S-Bahn軌道下方

旅行小抄

薩維尼廣場的城市作者書店

　　逛完了書卷書店，往右方走數公尺即可看到另一家也是在S-Bahn軌道下方的柏林城市作者書店(Autorenbuchhandlung Berlin)。該書店將文學作為藝術理念，和書卷書店是完全不一樣的風格，並不定期的舉辦文學講座。

書店內一景

美食餐廳

康德大街亞洲美食
Kantstraße

滿意度極高的越南餐廳
越南料理Saigon Green

✉ Kantstraße 23, 10623 Berlin | ☎ 030450863 42 | ⌚ 週一～六12:00～23:00、週日13:00～23:00 | 💲 主餐7,00～7,50€ | ➡ 搭乘巴士M49至Savignplatz站下車 | ⏳ 1小時 | http saigon-berlin.de | MAP P.113

這裡是許多當地人及觀光客都推薦的餐廳。店內餐點價格都不高，16點之後開始提供3,50€的各式小點，水果奶昔(EXOTISCHE SHAKES，0.4ml/3,80€)都是用新鮮水果做的，特惠時段只要2,80€。越南式的濃縮咖啡(Ca Phe Sua Nong)及冰咖啡(Ca Phe Sua Da)也都值得品嘗。

道地泰式料理
Papaya Isaan

✉ Kantstraße 122, 10625 Berlin | ☎ 030319975 72 | ⌚ 12:00～23:00 | 💲 餐點5～10€ | ➡ 搭乘巴士101、M49、X34至Kantstr./Leibnizstr.站下車，步行數分鐘即達 | ⏳ 1小時 | http www.papaya-service.de | MAP P.113

該店專門提供來自泰國Isaan地區的料理，強調當地的口味，而不受德國人的口味影響。菜單上還可以看到牛肝、魚肚、內臟類的菜肴，這是德國泰式餐廳一般少見的。喜歡泰式辣味料理的人可以來試試。

來自台灣的家鄉味
龍門麵館
Lon-Men's Noodle Hause

✉ Kantstraße 33, 10625 Berlin | ☎ 03031519678 | ⌚ 週三～一12:00～22:30、週二休館 | 💲 湯麵類4,50～8,20€、米粉類5,60～8,20€、飯類7,00～8,20€ | ➡ 搭乘巴士M49、X34至Schlüterstr.站下車 | ⏳ 1～1.5小時 | http lon-mens-noodle-house.business.site | MAP P.113

來自台灣家鄉味的龍門麵館，菜單上都還可以看得到台灣地圖及台灣的景點照片。每到用餐時間店外都大排長龍，就算是多天，店外的座位也都客滿，小本生意不接受預約，需現場等候叫號。來自台北的老闆，熱情地接待來自世界各地的顧客，日本及韓國學生也都常常光顧。

1.柏林康德大街上唯一正宗台灣風味 / 2.龍門麵館、牛肉麵、牛肉炒米粉及麻醬麵

康德大街老字號
老友記燒臘飯店
Good Friends

✉ Kantstraße 30, 10623 Berlin | ☎ 0303132659 | 🕐 12:00～01:00 | 💲 午間套餐(12:00～15:00)7～7,70€、港式主餐10～19€ | ➡ 搭乘巴士M49、X34至Schlüterstr.站下車 | ⧗ 1～1.5小時 | 🌐 www.goodfriends-berlin.de | 🗺 P.113

老友記燒臘飯店是康德大街上的老台柱。許多柏林當地居民以及亞洲觀光客都喜歡來光顧。常常可以看到許多在柏林念書的亞洲學生，三五好友一同約來吃

合菜。店內可以用中文點餐，所提供的午餐及各式餐點都非常美味可口。無論是鮮蝦炒米粉、牛肉炒麵還是炒時蔬，這裡通通都有，點上一大碗白飯，加上一杯啤酒，就是道地的柏林亞洲味。

烏蘭大街異國風美食
Uhlandstraße

早餐從早吃到晚
美式早餐Benedict

✉ Uhlandstraße 49, 10719 Berlin | ☎ 03099404 0997 | 🕐 24小時營業 | 💲 TLV Frühstück17,50€、Deutsches Frühstück 19,50€ (麵包及部分食物無限供應。) Eggs Benedict紐約早餐 15,50～19,90€ 及其他餐點 | ➡ 搭乘U9至Spicherstraße站，或是U3至Hohezollernplatz | ⧗ 1～1.5小時 | 🌐 www.benedict-breakfast.de | 🗺 P.113

在柏林要找到一間24小時營業的店實在不容易，Benedict全天候供應早餐，是夜貓族及早起鳥兒的最佳選擇。部分餐點的現烤麵包可以吃到飽，有美式及德式的早餐，也有針對素食者設計的套餐。

旅行小抄

其他國家料理

烏蘭大街上及附近還有俄國、祕魯、拉丁南美洲、土耳其、西班牙、葡萄牙、黎巴嫩等各國料理。可以先上網查詢自己想要嘗試的異國風味餐。

異國風味體驗
印度餐廳Spice India

✉ Uhlandstraße 161, 10719 Berlin | ☎ 0308870 7685 | 🕐 週日～四12:00～00:00、週五～六12:00～01:00 | 💲 週間午餐6,50～7,90€、一般主餐12～20€ | ➡ 搭乘巴士249路至Lietzenburg-erstr. / Uhlandstraße站下車，步行數分鐘即達 | ⧗ 1～1.5小時 | 🌐 www.spice-india.de | 🗺 P.113

使用印度正宗香料的各式美食，親切的印度服務人員以及舒適的用餐環境，是許多來用餐過的人都會稱讚的。值得推薦的是平日12:00～16:00的午間套餐(Wochenkarte)，以及每日18:00以後的雞尾酒Happy Hour 只要5€。

在Spice India的戶外座位用餐也是一種享受

夏洛騰堡及薩維尼廣場
特色德國餐廳及酒吧

典型的柏林傳統酒吧、餐廳
Dicke Wirtin

✉ Carmerstraße 9, 10623 Berlin │ ☎ 03031249
52 │ 🕐11:00～00:00 │ 💲週間午餐4,50～8,50€、
主餐9,90～18,20€ │ ➡巴士M49、X34至Savi-
gnplatz站 │ ⏳1～1.5小時 │ 🌐dicke-wirtin.de │
🗺P.113

　　女胖房東(Dicke Wirtin)經營這家餐廳
有數十年之久,餐廳內牆上掛著滿滿的
照片、飾品、廚房用具、茶壺、溜冰
鞋;總之,這是間充滿許多柏林日常生
活回憶的餐廳,是當地人才知道的好地
方。特色餐點除了豬肉排(Schnitzel)搭配
馬鈴薯之外,還有「柏林風格」的牛肝
配燉洋蔥(Leber 'Berliner Art')。

1.店內30多種自家白蘭地(Brände)以及利口酒(香甜
酒Likör),還有9種不同品牌的啤酒,是喜好品酒的
人不可錯過的好地方 / **2.3.**店內餐點及裝潢 (1.2.3.圖片
提供 / © Dicke Wirtin)

柏林媽媽的私房菜
Thomas-Eck Berlin

✉ Pestalozzistraße 25, 10627 Berlin │ ☎03031
28742 │ 🕐08:30～02:00 │ 💲早餐4,30～6,40€、
主餐10～16€、午間套餐5,95～7,95€ │ ➡搭乘
U7至U Wilmersdorfer Str. 站下車,過Kantstraße
後,走Kant Kino旁的Krumme Str.,步行數分鐘
即達目的地。巴士309、M49至U Wilmersdorfer
Str./Kantstr.下車後一樣走Krumme Str. │ ⏳1小時
│ 🌐www.thomaseck.com │ 🗺 P.113

　　這也是另一間柏林的傳統街區酒館,
不過提供更多元的柏林菜色,包括咖哩
香腸等下酒菜,從早餐至午間套餐都
有。足球迷們可以在這裡觀賞足球賽的
時況轉播,街角也有露天的座位。

柏林人享受美酒音樂的好去處 🍴
Zwiebelfisch Gaststätten

✉ Savignplatz 7, 10623 Berlin │ ☎ 0303127363 │ ⏰ 12:00～06:00(隔日早晨) │ 💲 餐點9～20€ │ ➡ 巴士M49、X34至Savignyplatz站 │ ⌛ 1～1.5小時 │ http www.zwiebelfisch-berlin.de │ MAP P.113

Zwiebelfisch曾被The Spectator網站報導是世界上最好的酒吧。酒吧內滿牆的海報及照片，吧台上滿滿的小飾品，當然也有提供新鮮啤酒的啤酒水龍頭。在戶外有坐位或是站位，晚上人多時，許多柏林人只要有張小桌子可以放啤酒，就可以在這裡站上一整晚，喝酒聊天、聽現場演奏的音樂。旅行時，在緊湊的行程中，別忘了安排一晚到Zwiebelfisch輕鬆一下。

1.Zwiebelfisch店外一景 / 2.義式餐點也是不錯的選擇 / 3.酒吧內牆上滿滿的相片及海報

夜貓族及早起鳥的第一站 ☕
黑咖啡Schwarzes Café

✉ Kantstraße 148, 10623 Berlin(靠近薩維尼廣場) │ ☎ 0303138038 │ ⏰ 24小時 (每週二的上午03:00～10:00休息) │ 💲 週間特餐(11:00～22:00)12,60～19,80€、麵包輕食4,80～8,30€、主餐8,20～18,90€ │ ➡ 搭乘S3、S5、S7、S9、S75至Savignyplatz站；U1至Uhlandstraße站下車，步行數分鐘即達；巴士M49、X34至Savignyplatz站 │ ⌛ 1～2小時 │ http www.schwarzecafe-berlin.de │ MAP P.113

柏林24小時營業酒吧之冠的黑咖啡，絕對是內行人才知道。沙拉、三明治輕食、義大利麵以及熱湯，不同的餐點滿足不同時段顧客的味蕾。是許多文藝青年、學生及藝術創作家半夜最佳的去處。

滕珀爾霍夫區及新科恩區
Tempelhof und Neukölln

滕珀爾霍夫區相較於柏林其他區，雖然少了一些活潑的氣氛，
但卻是非常適合居住的區域。該區以1948/49「柏林封鎖」的歷史事件而聞名，
無論是滕珀爾霍夫機場(及公園)或是空橋紀念碑，都為前西柏林人留下了重要的回憶。
新科恩區早期即有波西米亞人移民至此，今日更由於外來人口的多元化，
異國文化及飲食隨處可見。同時這裡聚集著大量的年輕藝術家從事藝術創作活動。
Karl-Marx-Straße是該區最大的購物街，也是行政及文化的中心。

Spree

U Kottbusser Tor
U Görtlitzer Bahnhof
Skalitzer Straße
• Görtlizer Park
Lindenstraße
Prinzenstraße
Gitschiner Straße
五月河岸
Maybachufer
U Hallesches Tor
U Prinzenstraße
Zossenerstraße
Baerwaldstraße
Maybachufer
Park am •
Gleisdreieck
Mehringdamm
U Schönleinstraße
Glogauer Straße
Gneisenaustraße
Urbanstraße
Kottbusser Damm
Pannierstraße
U Gneisenauerstraße
Hasenheide
U Südstern
Sonnenallee
• Viktoriapark
Katzbachstraße
U Hermannplatz
Karl-Marx-Allee
Kolonnenstraße
Dudenstraße
U Platz der Luft
Hermannstraße
Maybachufer
新科恩區市政廳
空橋紀念碑
Luftbrückedenkmal
Columbiadamm
Flughafenstraße
U Rathausneukölln
U Paradesstraße
U Boddinstraße
新科恩區市立浴場(游泳池)
Stadtbad
Boelckestraße
Tempelhofer Damm
滕珀爾霍夫場
Tempelhofer Feld
U Leinestraße
U Karl-Marx-Straße
波西米亞村莊
Bömisches Dorf-Rixdorf
S+U Tempelhof
Schöneberger Straße
Oderstraße
Silbersteinstraße
S U S+U Neukölln
U Alt-Tempelhof
Germaniastraße
S+U Hermannstraße
Oberlanstraße
Manteuffelstraße
Friedrich-Karl-Straße
Teilestraße
Tempelhofer Weg
U Kaiserin-Augusta-Straße
滕珀爾霍夫港口
Tempelhofer Hafen
滕珀爾霍夫區及新科恩區
U Ullsteinstraße

滕珀爾霍夫區

滕珀爾霍夫港口
Tempelhofer Hafen

百年港口以及大型購物中心

✉ Tempelhofer Damm 227, 12099 Berlin │ ☎ 03
075687790 (購物中心) │ ⏰ 週一～六10:00～
20:00，週日休息 │ ➡ 搭乘U6至Ullsteinstraße站
下車，步行數分鐘即達 │ ⌛ 1～2小時 │ http www.
tempelhofer-hafen.com (購物中心) │ MAP P.131

　　滕珀爾霍夫港口於20世紀初建造，是
當時最現代化的河內港口之一，對於滕珀
爾霍夫區的經濟成長有非常大的貢獻。目
前整個港口、倉庫及港口旁的起重機都列
為文化資產受到保護。這裡已經在2009年

重新被規畫為大
型購物商場，超
過60個不同的大
品牌商家，以及
許多餐廳都進駐
在這個港口邊的
購物世界裡。

1.2.滕珀爾霍夫港口

滕珀爾霍夫場
Tempelhofer Feld

355公頃面積大的傳奇

Tempelhof und Neukölln

這裡是柏林南區居民最喜愛的休閒綠地

柏林藝術表演活動結合舊機場開放日

玩家交流

滕珀爾霍夫機場內平時不對外開放，但會不定時因舉辦音樂、戲劇等大型節慶活動而開放民眾參觀。我曾住在滕珀爾霍夫區數個月，某個假日得知機場有對外開放，便前往參觀。那次是由柏林人民劇院Volksbühne以及舞蹈博物館合辦的Fous de danse活動，當天機場外的表演，集合了150位舞者，規畫了20多個節目，10小時不間斷地演出，有些民眾一起參與表演，展現出柏林人充滿藝術細胞及即興生活的一面。

1.機場開放日，吸引了許多民眾到現場 / **2.**當地民眾也成了表演活動的一部分

✉Columbiadamm 10, 12101 Berlin │ ☎030700 906616 │ ◎ 開放每月份不同，請上網查詢 │ $ 免費 │ ➡搭乘S41、S45、S46至Tempelhof站下車；U6至Tempelhof站下車 │ ⧖ 1～1.5小時 │ http www.gruen-berlin.de │ ⁉ 預約導覽：每週六下午14:00(除重要活動之外)。費用4,50～5,90€ │ MAP P.131

18世紀前，滕珀爾霍夫場原來還是一片農耕地，在普魯士時期則被規畫爲用事遊行及閱兵場。2010年重新開放給柏林市民做爲休閒用地。夏季時，碩大的草坪上總是可以看到各式各樣的活動，活動看版上的結束時間常常會是：直到太陽下山(Bis Sonnenuntergang)。

空橋紀念碑
Luftbrückendenkmal

「飢餓之耙」 Hungerkarke

✉ Platz der Luftbrücke 2, 10963 Berlin | ➡搭乘U6至U Platz der Luftbrücke站下車；巴士104至U Platz der Luftbrücke | 🕐 0.5小時 | http www.berlin.de/sehenswerdigkeiten (輸入關鍵字Luft-brückendenkmal) | MAP P.131

1.2.紀念碑底座寫著：「他們為了柏林的自由，將生命奉獻給柏林空橋的勤務。」(Sie geben ihr Leben für die Freiheit Berlins im Dienste der Luftbrücke 1948/1949)

1951年由建築師Eduard Ludwig設計的「空橋紀念碑」又稱「飢餓之耙」(Hungerkarke，或「飢餓之爪」Hungerkral-le)，座落在滕珀霍夫機場前的一個廣場，是為了紀念「柏林封鎖」期間（1948/06/24～1949/05/12），美軍支援西柏林時，運用空運投遞民生物資及生活用品，因而發生事故導致死亡的軍人。

紀念碑上的3個弧行設計，象徵著3條空中走廊(Luftkorridore)，從空中通往西柏林的3個盟運占領區。將近一年後，美軍的「反封鎖」策略在柏林危機中勝出，蘇聯政府解除對西柏林的陸上交通。今日，「空橋紀念碑」讓後人回憶昔人那段艱辛的日子。同時為了紀念此事件及相關人物，在德國的法蘭克福以及謝勒兩個城市，亦可以看到同樣的飢餓之耙紀念碑。

旅行小抄

美國紀念圖書館(十字山區)

美國紀念圖書館(Amerika-Gedenkbib-liothek，1954年起營運)是柏林中央暨地方圖書館的分館之一，也是柏林最大的圖書館之一。1948～1949年的柏林封鎖，西方盟國和西柏林人共同度過這次的危機。隨後美國人贈送了此圖書館給柏林以紀念此事件，藉此象徵著教育及思想自由的重要性。(Blücherplatz 1， 10961 Berlin，www.zlb.de)

在冷戰期間，該圖書館是西柏林人接觸國際書籍、雜誌資訊極為重要的管道

新科恩區 Neukölln

新科恩區市政廳
Rathaus Neukölln

行政及生活文化的重心

✉ Karl-Marx-Straße 83, 12043 Berlin │ ☎ 03090 2390 │ 🕐 依各行政部門辦公時間而異 │ ➡ 搭乘 U7 Rathaus Neukölln站下車,出口即達 │ ⏱ 約0.5小時 │ 🌐 www.berlin.de 官網,右上方輸入 Rathaus Neukölln │ 🗺 P.131

　市政廳於1909年由建築師Reinhold Kiehl所設計,其中塔樓高達約68公尺高。爲一典型的普魯士時期建築。建築物有著19世紀的山牆及城垛外觀,看起來非常工整,在因人口、店家眾多而顯得擁擠的卡爾馬克思街上,則顯得落落

1.廣場前方地面上有著以磁磚製成的友好城市市徽 / **2.**有著大量的外來移民人口比例,廣場前常常會有不同民族的遊行示威活動

大方。市政廳周圍結合百貨商場、銀行、圖書館及土耳其餐廳。

新科恩區市立浴場(游泳池)
Stadtbad Neukölln

柏林最具代表性的現代水療浴場

✉ Ganghoferstraße 3, 12043 Berlin │ ☎ 0306824980 │ 🕐 平日08:00～20:00、週末及假日10:00～17:00 │ 💲 一般票5,50€、時段優惠票3,50€ (詳細使用方式請上官網查詢) │ ➡ 搭乘 U7至Rathaus Neukölln或是Karl-Marx-Str,游泳池位於兩站之間;巴士104至Alfred-Scholz-Platz站下車 │ ⏱ 0.5小時 │ 🌐 www.berlinerbaeder.de │ 🗺 P.131

　在Karl-Marx-Straße以及Sonnenallee之間的Richardplatz是新科恩區的中心地段,這一區又稱爲Rixdorf(新科恩區的舊名)。在這裡座落著市立浴場(該建築物前身是

圖書館)。浴場於1912～1914年間建造,建築師Reinhold Kiehl的設計構想來自於希臘神廟的建築風格。是當時歐洲最美、最現代化以及最大的室內游泳池。大游泳池水道有25公尺,內部亦有游泳課程及水上有氧運動,另有芬蘭式桑拿等多樣不同的水療設施。

1.市立浴場和市政廳的建築計設師是同一人 / **2.**入口區旁的樓梯

五月河岸
Maybachufer
最受歡迎的土耳其市集Türkische Markt

✉ Maybachufer, 12047 Berlin │ ➡搭乘U8至Schönleinstraße站或是U1至Kottbusser Tor站(在兩站之間)，步行約10分鐘即達 │ ⏳ 1～2小時 │ MAP P.131

1.土耳其茶及熱飲 / 2.各式土耳其小吃、食物或是原布料都可以在這裡一次買齊 / 3.市集裡滿滿的人潮 / 4.土耳市市集

　　五月河岸是在蘭德維爾運河(Landwehrkanal)旁的一條街道，在這裡有觀光客及當地人最喜愛的土耳其市集(市集在Kottbusser Damm和Schinkestraße之間)。

　　每週二、五的11:00～18:30，將近有150個攤位，從新鮮蔬果、香料、肉類、地中海美食小吃到文創小物或是盆栽小植物都有，物美價廉，別忘了每到傍晚時刻許多蔬果都還會再便宜許多喔。

知識充電站

伊諾克爾(新科恩)48小時藝術節
(Neukölln 48 Stunden Neukölln)

　　1999年開始由Kulturnetzwerk Neukölln e.V. (新科恩區藝術網絡協會)負責，在5或6月舉辦，為期2天共48小時，是柏林最大的藝術文化活動之一。在街頭、藝術家的工作室或是特定的展覽空間，許多的青年藝術家、大學生，用音樂、表演或是不同型式的方式參與這項一年一度的盛事。🌐www.48-stunden-neukoelln.de

波西米亞村莊
Bömisches Dorf/ Rixdorf

18世紀波西米亞難民區

✉ Richardstraße 78, 12043 Berlin｜➡乘U7至Karl-Marx-Str.站下車，下車後可以走Herrnhuter Weg或是Uthmannstraße，找到Richardstrße即達｜⧗ 1～1.5小時｜http www.boehmisches-dorf.de｜MAP P.131

17世紀一場位於布拉格附近的白山戰役(三十年戰爭早期戰役之一)，使得戰敗後的波西米亞人(新教徒)在接下年的數十年於異地流亡。1737年腓特烈威廉大帝一世邀請300多位難民在Rixdorf區定居，該區自此分為Deutsch-Rixdorf以及Bömisch-Rixdorf。1874年Rixdorf正式統一，並於1912年更名為Neukölln，1920年與鄰近的小區域一同列入大柏林區。

現在該區的建築群被列為波西米亞村莊，是認識新科恩區歷史重要的文化古蹟。(柏林與布拉格至今是友好城市超過20年，這裡常有波西米亞相關的文化活動)。

村莊內有博物館可以深入了解相關歷史。(Museum im Bömischen Dorf, Kirchgasse 5，週四14:00～17:00開放參觀)

1.3.波西米亞村還保有傳統的房屋建築 / **2.**腓特烈威廉大帝雕像，代表波西米亞人後代對他的致意

滕珀爾霍夫區及新科恩區

熱門景點

腓特烈斯海因區
及十字山區
Friedrichshain und Kreuzberg

想要深入了解東柏林時期的歷史，千萬不能錯過腓特烈斯海因區。
該區有目前遺留下來最長的柏林圍牆段「東邊畫廊」，以及重要的塗鴉藝術「RAW文化中心」。
在東北方的利希滕貝格區，曾座落著DDR國家安全局總部及監獄。
十字山區曾是柏林最貧窮的地區，今日這裡是柏林最大的土耳其人口居住區，
加上大量的外來人口，改變了這裡的生活型態。也因鄰近米特區而成了文化重鎮之一；
漂亮的街區、特色酒吧以及充滿活力的氛圍，
都是吸引新一代年輕人、藝術家前來觀光或居住的誘因。

KINO International

 Café Moscow

Strausberger Platz 🅢
U Strausberger Platz

Palisadenstraße

Lebuser Straße

腓特烈斯海因一人民公園(童話噴泉)
Volkspark Friedrichshain Märchenbrunnen

往 🅢 史塔西監獄
Stasigefängnis

往 🅢 世界公園
Gärten der Welt

Forckenbeckplatz

卡爾馬克思大道
Karl-Marx-Allee

Karl-Marx-Allee

Computerspiele Museum

往 🅢 史達西博物館
Stasi Museum

Singerstraße

Andreasstraße

🅤 U Weberwiese

U Frankfurter Tor 🅤 🅢 Frankfurt Tor

🅢🅤 S+U Jonnowitzbrücke

Koppenstraße

Straße der Pariser Kommune

Café Sibylle

🅤 U Samanterstraße

S+U Frankfurter Allee 🅢🅤

Holzmarktstraße

Wedekindstraße

Warschauer Straße

Grünberger Straße

Kreuzigerstraße

Mainzer Straße

Gärtnerstraße

博森哈納廣場
Boxhagonor Platz

S Ostbahnhot 🅢

Stralauer Platz

Mühlenstraße

Torellstraße

Knopmikusstraße

Simon-Dach-Straße

Gabriel-Max-Straße

Wühlischtraße

Krossener Straße

Berghain

東火車站 🅤
Ostbahnhof

Am Wriezener
Bahnhof

Löwer Straße

Revaler Straße

Dirchauer Straße

Spree

Köpenicker Straße

Mariene-von-Rantzau-Straße

Helen-Ernst-Straße

Simplanstraße

Revaler Straße

Modersohnstraße

RAW-Gelände文化中心
RAW-Gelände

Edith-Kiss-Straße

Warschauer Brücke

東邊畫廊
East Side Gallery

Tamara-Danz-Straße

Hedwig-Wachenheim-Starße

S Ostkreuz Bahnhof

Mildred-Harnack-Straße

U Schlesisches Tor 🅤

奧伯鮑姆橋
Oberbaumbrücke

往 🅢 柏林猶太人博物館
Jüdisches Museum

🅢 恐怖地形圖
Topographie des Terrors

腓特烈斯海因區及十字山區

奧伯鮑姆橋(上樹橋)
Oberbaumbrücke

柏林最美麗的雙層橋梁

📧Warschauer Straße 43, 12043 Berlin │ ➡搭乘S3、S5、S75、S7、S9至Warschauer Str.站下車;U1、U3至Warschauer Str.站下車;巴士347至Oberbaumbrücke、248及348路至S+U Warschauer Str.站下車 │ ⏱0.5小時 │ 🌐www.visitberlin.de/de/oberbaumbruecke │ 🗺P.139

1.2.該橋於兩德統一後,象徵著東、西柏林的結合

奧伯鮑姆橋橫跨施普雷河連結著腓特烈斯海因及十字山區。1724年,這座橋梁原先以木頭建造,後期則以鋼筋混凝土改建,然而拱門的部分仍使用紅色磚頭。橋中間有兩個像中世紀風格的城垛,新歌德式的連環拱門上是地鐵行經的軌道。

東邊畫廊
East Side Gallery

世界最長的藝術畫廊

📧Mühlenstraße 1, 10243 Berlin │ ➡搭乘巴士248至East Side Gallery、Tamara-Danz-Str. 站下車;巴士165或265至Eisenbahnstr.站或U Schlesisches Tor 站下車 │ ⏱2〜3小時 │ 🌐www.eastsidegallery-berlin.com │ ❓導覽主題:東邊畫廊歷史、東邊畫廊藝術家、東邊畫廊的修繕工作、最新的相關事件及議題。個人導覽需致電:01621056830。團體導覽上網填寫表格:www.eastside-gallery-berlin.com/# (點選網頁左下方的Führung durch Künstler) │ 🗺P.139

東邊畫廊位於奧伯鮑姆橋下的Mühlenstraße,圍牆遺跡長約1.3公里,一共有超過100幅畫作作品,主題均與1989〜1990年柏林當時的政治有關。

這條世界最長的露天藝術畫廊,最大的考驗就是其被風化損壞的速度相當地快,昔日的原畫作都已經不復存在,

賓士小巨蛋(Mercedes Benz Arena)看演唱會 玩家交流

在東邊畫廊參觀時，一定會看到一個巨型賓士標誌，這裡就是賓士汽車位於柏林的巨蛋體育館，歐洲知名的歌星或運動員通常會以這裡作為德國指標性的據點。我在柏林學習德語期間，參加了英國知名靈魂藍調樂團「就是紅」(Simply Red)在柏林的演唱會。該樂團一直在歐洲和美洲比較廣為人知，在德國的廣播樂台常常可以聽到他們的歌曲。我是「就是紅」將近20年的樂迷，當然不能錯過這次的機會。同時也正好可以參觀賓士小巨蛋體育館內部設備。

小巨蛋內演唱會一景

今日我們所看的作品，都是政府相關單位及藝術家們，經過多次修復後的樣貌。

最大的修復工程分別在1996年及2008年，第一次是在一位藝術家的提倡下創立了東邊畫廊協會，並開始極力地進行更新及修復圍牆作品。第二次則是在政府補助2百萬歐元經費之下，由87位原藝術家親自進行翻新工作。並且在2009年6月初重新開放給民眾參觀。

來到柏林一定要安排至少半日的行程參觀東邊畫廊。在Mühlenstraße靠近奧伯鮑姆橋處的Mühlen倉庫，目前是The Wall Museum，該博物館於圍牆倒塌25週年時成立。

4面重要的圍牆藝術品：

1. Bruderkuss (Mein Gott, hilf mir, diese tödliche Liebe zu überleben) (Dmirtri Wrubel)(圖3)
2. Hommage an die junge Generation (Thierry Noir)(圖4)
3. Es geschah im November (Kani Alavi)(圖5)
4. Test the Best (Birgit Kinder)(圖6)

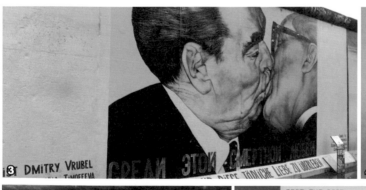

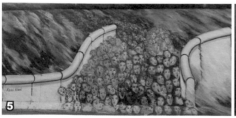

卡爾馬克思大道
Karl-Marx-Allee

史達林新古典建築的最佳寫照

✉ Karl-Marx-Allee, 10178 Berlin｜➡搭乘U5，
從Alexanderplatz站至Frankfurter Tor站之間各
站下車均可｜⏳0.5～1小時｜http www.berlin.de/
sehenswuerdigkeiten (輸入Karl-Marx-Allee)｜MAP
P.139

　　從亞歷山大廣場向東邊延伸至法蘭克
福門(Frankfurter Tor)，正是柏林大名鼎鼎
的卡爾馬克思大道，1953年的東德六一七
事件就是發生這條大道上。大道寬約90公
尺(比法國香榭麗舍大道還寬)，長約2.3公
里。在這條象徵著昔日社會主義時期的大
道上漫步，寬敞的林蔭人行步道令人感覺
舒適。而兩側整齊畫一的典型蘇維埃蛋糕
式風格建築(sowietischer Zuckerstil)則是西
柏林所看不到的。

燭台式路燈(Paulick-Leuchte)

　　1950年代後期，建築設計師Richard
Paulick及其他人一同提案設計的燭台式
路燈，在卡爾馬克思大街上一共裝置了
215盞，並以設計師的名字命名為「Pau-
lick-Leuchte」。安裝的區段只從Straus-
berger Platz到法蘭克福門。眼尖的旅人會
發現路燈有分為二燭台式及四燭台式，並
且和夏洛騰堡區的「Speer-Leuchte」很
相似。目前Paulick-Leuchte 燭台式路燈已
受到文化遺產保護。

1.二燭台式Paulick-Leuchte 路燈／**2.**四燭台式
Paulick-Leuchte 路燈

卡爾馬克思大道上有許多參觀重點，以下將從地鐵站U5的Schillingstraße站開始往東南方的Frankfurter Tor站(法蘭克福門)的順序，介紹大道上最具有歷史性的景點。

參觀重點：

1. KINO International

電影院於1963年開始營運，當時稱為：Premierekino。是前東柏林區最主要的電影院之一，亦是目前少數在DDR時期建造的戰後新型建築，是至今仍保留其原本功能的文化遺產。(Karl-Marx-Allee 33)

2. Café Moscow

這裡原本是東區最熱鬧的咖啡廳，曾經見證過DDR時期東柏林人們的日常生活，今日Café Moscow已成為一個複合式的文化中心，不定期舉辦活動、宴會及展覽。地下室為「AVENUE」Club (www.avenue-club-berlin.com，每週五、六)，這裡不放Techno電子樂，走的是美式Hip-Hop嘻哈路線，相當受到歡迎。(Karl-Marx-Allee 34)

3. 斯特勞斯柏格廣場(Strausberger Platz)

該廣場在二戰後，周圍的房子在東德政府時期，建造為社會主義風格的新型公寓群。

1.大街上典型的蘇維埃蛋糕式的建築風格 / 2.建築物上的陶瓷外牆亦為其特色之一 / 3.斯特勞斯柏格廣場夜景 / 4.電影院內販賣部大廳仍有著60年代的裝潢風格 / 5.放映廳 / 6.Café Moscow今日已成為複合式的活動用場地 / 7.AVENUE Club位於Café Moscow 地點旁

143

4. Café Sibylle

Sibylle 咖啡廳是大道上最具傳奇性的景點之一。60年代後期,咖啡廳相當受歡迎,是該地區人民最主要的社交活動場所之一。它曾經遭受到二度關閉,最後在2018年的暑假重新開幕。並如往常一樣在店內提供永久性展覽。這裡詳細地介紹卡爾馬克思大街的所有歷史,以及東德時期的生活文物。 (可以登記馬克思大道上的建築物及歷史導覽,www.cafe-sibylle.de,導覽需透過電話預約,一般在週二。冬季導覽視人數成行。) (Karl-Marx-Allee 72)

5. 電腦遊戲博物館 (Computerspiele Museum)

在多年的巡迴展出以及網路設展之後,正式於2011年座落於卡爾馬克思大道。館內介紹電玩遊戲各個重要的發展時期,並提供

了許多傳統的機器讓參觀者進行互動,同時保存了西德時期唯一的Poly Play街機 (Arcade-Automat)。

6. 法蘭克福門(Frankfurter Tor)

位於卡爾馬克思大道及法蘭克福大街之間的法蘭克福門,由建築師Hermann Henselmann於1953年設計。雙塔上的圓頂效仿御林廣場上教堂的圓頂設計。

1.Café Sibylle常出現在東柏林的紀錄片中 / **2.**店內展出大街的歷史及文物 / **3.**Polyplay是東德時期唯一生產的街機,目前在博物館還可以玩得到 / **4.**博物館內收藏有許多早期的電玩 / **5.**法蘭克福門

前往 P.148「利希登貝格區:深入特寫東德國家安全局」

RAW-Gelände 文化中心
RAW-Gelände
次主流的藝術綠洲

✉ Revaler Straße 99, 10245 Berlin｜☎ 0157519 00381｜◎ 24小時開放｜➡ 搭乘U1、U3至Warschauer Str.站下車，沿著Revaler Straße步行即達｜⌛ 約1小時｜http www.raw-gelaende.de｜MAP P.139

在華沙大橋Warschauer Brücke下的RAW-Gelände是柏林著名的另類文化複合型園區。RAW全名是Reichsbahnausbesserungswerk，最早期是德意志帝國鐵路修理廠，一直到1994年都還有營運。從1990年開始，這一區成為了結合塗鴉藝術、俱樂部、酒吧的園區。2015年春天「鳳頭鸚鵡游泳池俱樂部」(Haubentaucher)開幕，成功將舊磚倉庫改造成啤酒花園以及大型游泳池，整個園區成為柏林受歡迎的次主流藝術綠洲。

1.2015年Haubentaucher外門塗鴉藝術／2.2019年舊地重遊，門面已煥然一新了

博森哈納廣場
Boxhagener Platz
假日挖寶二手物品

✉ Boxhagener Platz 1, 10245 Berlin｜◎ 跳蚤市場週日10:00～18:00｜➡ 搭乘巴士240至Boxhagener Platz站或是Simon-Dach-Str.站｜⌛ 1～2小時｜http www.visitberlin.de/de/floh-markt-am-boxagener-platz｜MAP P.139

博森哈納廣場位於腓特烈海因區的中心地帶Simon-Dach-Kiez街區上，這裡亦是柏林最受歡迎的特色街區之一。許多當地人及遊客，都會因為博森哈納廣場上每週日舉辦的跳蚤市場慕名而來。市場除了各式各樣的二手書、家具，也有許多藝術文創設計商品。在廣場附近有許多餐廳及小吃，可以安排週日來吃一份早午餐後，再到市集及街區漫步。

1.博森哈納廣場／2.在街道上散步，可以發現一邊是著充滿塗鴉的破舊大樓，另一邊則是乾淨的住宅大樓

柏林猶太人博物館
Jüdisches Museum

用藝術呈現德國猶太人2千多年歷史

✉ Lindenstraße 9-14, 10969 Berlin | ☎ 030259 93300 | 🕐 10:00～20:00(12/24休館) | 💲 成人 8€、學生3€ | ➡ 搭乘巴士248路至Jüdisches Museum站，或是M41至Franz-Klühs-Str.站，下車後步行數分鐘即達 | ⏱ 至少2小時 | http www.jmberlin.de | 🎫 免費導覽：德語週六15:00、週日11:00及14:00、英語：週五14:00。(www.jm-berlin.de/fuehrungen 進入網頁後，選擇自己有興趣的主題預約導覽。可以在網路上購買博物館門票＋導覽，或是聯絡gruppen@jmberlin.de) | MAP P.139

柏林猶太人博物館將歷史與藝術結合，從建築物鋸齒形外觀及鈦鋅建材，可以強烈地感受到建築師Daniel Libeskind，想要對世人表達猶太人數千年來的命運有多麼地艱難的設計理念。館內新推出的常設展「歡迎來到耶路撒冷」(Welcome to Jerusalem)，以及其他不同主題的特展，以極具教育性質的角度，帶領參觀者一同進入猶太人的世界。

參觀重點：

1. **Kollegienhaus**：巴洛克式建築，前普魯士法院，今爲博物館入口處(圖1)

2. 博物館建築物本身的設計風格(Daniel Libeskind，2001)

3. 3大主題軸心：流亡(Achse des Exils, Garten des Exils)、大屠殺(Achse des Holocaust, Holocaust-Turm)及連續性(Achse der Kontinuität, Zwei Jahrtausende Deutsch-Jüdische Geschichte)(圖2)

4. 裝置藝術Shalechet-Gefallendes Laub 落葉 (Menashe Kadishmans)(圖3)

恐怖地形圖
Topographie des Terrors
昔日納粹帝國重鎮

✉ Niederkirchner Straße 8, 10963 Berlin │ ☎ 03 025450950 │ ⏰ (文獻中心Dokumentationszentrum)每日10:00～20:00 │ 💲 免費參觀 │ ➡ 搭乘 S1、S2、S25、S26至Anhalter Bahnhof；巴士 M29至Wilhelmstr./Kochstr.站下車，或是M41至 S Anhalter Bahnhof站。步行數分鐘即達目的地 │ 🕐 1～1.5小時 │ http www.topographie.de │ ⁉ 1.免費導覽：每週日14:00(德語)、15:30(英語) (導覽進行約1小時)。露天博物館可以租借語音導覽。2.該景點雖然屬於十字山區，但是位置離波茨坦廣場較近 │ MAP P.139

恐怖地形圖是柏林最重要的博物館之一，包含了戶外博物館和文獻中心。在這片土地上，曾是1933～1945年納粹帝國、祕密國家警察的總部，也就是黨衛國家安全部、黨衛軍的大本營。目前戶外博物館的常設展Topographie des Terrors規畫有15個展示站點，並且整合受到文化遺產保護的柏林圍牆，以圖片解說的方式重現原址上的歷史事件。文獻中心內則是有不定期的特展和常設展。

旅行小抄

柏林人的祕密花園

　　十字山區最受歡迎的綠地維多利亞公園(Victoriapark)，有著柏林唯一的瀑布景觀。公園內新歌德式風格的國家紀念碑，亦是出自普魯士城市設計師申克爾之手。在十字山區還有珂爾莉茨公園(Görlitzer Park)(公園內有著名餐廳Das

國家紀念碑紀念普魯士在19世紀初多年對法戰爭及歐洲解放戰爭的勝利

Edelweiss及迷你高爾夫球場)及公主花園(Prinzessinnengärten)，非常適合喜愛在城市中享受大自然的旅人。

1.文獻中心內主要以大圖輸出的方式展出重要的歷史事件 / **2.**戶外展覽結合歷史遺址，設置不同站點解說

知識充電站
36 Brennt, 61 Pennt

　　SO36(或是Kreuzberg 36)一詞原本是柏林在十字山區舊制的郵遞區號(Südost 36)，今日SO36仍被用來指稱該區(特定範圍)，同時也代表著貧窮、失業者、低收入戶者、多元文化，尤其在每年的5月1日都會上演街頭暴動；相反的SW61(Südwest西南區 61, Kreuzberg 61)指的範圍較大，這裡住著資產階級及教育程度較好的居民。因此，人們將較為平靜的SW61稱為pennen(德語是「睡覺」的意思)來和SO36作為對照，也就不足為奇了。

利希登貝格區 (Lichtenberg)

史塔西——東德國家安全局

前往史塔西監獄

從卡爾馬克思大道盡頭的法蘭克福門進入法蘭克福大街就是利希登貝格區了。該區著名的景點即是史達西博物館及監獄。前者即在U5的Magdalenenstraße站附近，而前往史塔西監獄則需要再轉搭街車M5或巴士256號至Freienwalder Str.站下車。

史塔西的正確名稱為東德國家安全局(Ministerium für Staatssicherheit，簡稱MfS；或是Staatssicherheitsdienst，簡稱Stasi)。成立於1950年，該機構可以說是蘇聯時期的KGB(國家安全委員會)在德國的翻版，為了確保東德人民對黨忠誠不二的心，史塔西結合了刑事調查部、祕密警察以及情報員，監控以及記錄每一個人的生活。

史塔西最巔峰的時期，光是在總部辦公的員工就高達了8,000多人。根據統計，史塔西最後有9萬多名專職員工以及18萬多名非正式員工(在後期連一般的民眾都被黨雇用，協助黨窺視自己的家人、朋友、同事)。直至1989年兩德統一為止，史塔西所累積的監控紀錄文件排列起來可長達超過110公里，並有上百萬份照片及聲音文件。

1.監獄外牆上的監看崗樓 / **2.**《竊聽風暴》(Das Leben der Anderen)，電影中成功地重現了東德人民在史塔西監控下的生活樣貌

1.當時要從史塔西總部送到監獄的嫌疑犯，都要搭乘這種沒有窗戶的車子 / **2.**濕冷又沒有窗戶的牢房及走道 / **3.**電影《竊聽風暴》中出現的審訊間即是在實地拍攝 / **4.**欲參觀監獄內部必須要參加團體導覽

史塔西博物館
Stasi Museum (Forschungs- und Gedenkstätte Normannenstraße) aße)

史達西－德國統一社會黨的劍與盾牌

✉ Ruschestraße 103, Haus 1, 10365 Berlin | http www.stasimuseum.de

在DDR時期，東柏林每個人都在監聽及監控下生活，而主導這一切的就是國家安全總部(MfS)。當時的部長Erich Mielke在這裡一待就是32年，成為了當時期最重要的歷史人物之一。總部內當時有最新的監控技術及設備，都在圍牆倒塌後被保存了下來。目前博物館內收藏當時監控人民所記錄的海量文件檔案被使用來窺視東德人民的工具，以及MfS部長Erick Mielcke的辦公室。

參觀重點：

1.Staatssicherheit in der SED-Diktatur常設展
2.前東德國家安全部部長Erich Mielke的辦公室
3.部長會議室及賭場
4.前東德時期的間諜科技技術
5.受監控者的命運

史塔西監獄
Stasigefängnis (Gedenkstätte Berlin-Hohenschönhausen)

前東德時期最主要的審查拘留所

✉ Genslerstraße 66, 13055 Berlin | http www.stiftung-hsh.de

這裡曾經是納粹時期的社會福利組織(國家社會主義人民福利Nationalsozialistische Volkswohlfahrt, NSV)大廚房的儲藏庫。在二戰後被蘇聯作為3號特別營地(Speziallager Nr.3)。1947年，這個廢棄的倉庫地下室被建造成許多沒有窗戶、坑洞式的牢房。因此，當時這裡亦被稱為U潛艇(U-Boot)。今日的史塔西監獄已成為了文化保護遺產，監獄內的審訊室以及牢房都被完整的保留下來。

柏林
近郊旅遊

特列普托－科本尼克區
一日遊
Treptow-Köpenick

位於柏林東南方的Treptow-Köpenick區，是柏林面積最大但人口密度最低的行政區，
由原本的特列普托區及科本尼克區合併。
在這裡旅行，可以體驗和柏林市中心及西區完全不同的樣貌，
如當地人緩慢的生活步調、寬敞的街道以及四周典型的板式建築(Plattenbau)房屋。
主要的歷史景點為「特列普托公園」。往東南方則是有著相當悠久歷史的科本尼克區以及
「科本尼克宮殿」。不可錯過的是距離宮殿不遠的柏林最大湖泊「米格爾湖」。

• Boxhagener Platz

East Side Gallery

柏林分子人
Molecule Man

Ⓢ S-Bahn Treptower Park

玻瑰園
Rosengarten mit Wasserfonänen

Alt-Treptow

Karlshorst

Mahlsdorf-Süd

母親祖國雕像
Mutter Heimat

青年島及修道院橋
Abteibrücke zur Insel der Jugend

特列普托公園
Treptower Park

Archenhold天文台
Archenhold Sternwarte

Oberschöneweide

Uhlenhorst

蘇聯紀念碑
Sowjetisches Ehrenmal

Baumschuleweg

Friedrichshagen

Spree

自來水廠博物館
Museum im Alten
Wasserwerk

科本尼克宮殿
Schloss Köpenick

Köpenick

米格爾湖
Großer Müggelsee

Johannisthal

施普雷通道
Spreetunnel

米格爾公園
Müggelpark

米格爾塔
Müggelturm

搭乘S-Bahn至特列普托公園

搭乘S41(順時針方向)、S42(逆時針方向)、S8、S9或S85至S Treptower Park站。巴士104或194路至S Treptower Park站

從特列普托公園至科本尼克宮殿

搭乘巴士165路(從S Treptower Park站或是Klingerstr.站上車)，可以從特列普托公園直接坐到科本尼克宮殿(大約30分鐘路程)，至Schlossplatz Köpenick站下車即達。也可以從S Treptower Park搭S47至終點站Spindlersfeld站下車，步行數分鐘可達科本尼克宮殿。參觀完後在車站轉搭Tram61到米格爾湖。

從科本尼克宮殿至米格爾湖

科本尼克宮殿的街車站名爲Schlossplatz Köpenick。前往米格爾湖可以搭乘Tram-61往Rahnsdorf/Waldschänke方向，搭至Müggelseedamm/Bölschestr.站(離米格爾湖及施普雷通道近)。若是想參觀Friedrishagen小鎮，則可以再搭Tram61至S Friedrichshagen站。建議最後行程爲Friedrichshagen站，這樣可以直接搭S3回到市中心。

在巴士站下車後，可以利用站牌的地圖資訊確認方向

一日遊行程規畫

方案 1	上午 **分子人、特列普托公園** 中午用餐 **當日餐飲** 下午 **科本尼克舊城及宮殿**
方案 2	上午 **分子人、特列普托公園** 中午用餐 **當日餐飲** 下午 **米格爾湖及腓特烈哈根港口公園**

知識充電站 ── 柏林東區才有的街車系統

柏林的街車系統營運於1865年，是全世界最早擁有有軌電車系統的城市之一，線路曾高達90條。1902年，柏林的地鐵系統(U-Bahn)開始運行，1949年因為東西柏林分治，西柏林雖然擁有36線街車路線，但卻逐漸地被地鐵及巴士取代。直到1967年，西柏林所有的街車營運系統全面停運，但街車系統卻一直保留在柏林東部直到今日。(柏林最新街車路線圖不包含在地鐵圖內。可上網搜尋關鍵字：berlin straßenbahnnetz pdf，進入BVG網頁後，選擇download：Straßenbahnnetz)

在柏林東區旅行，搭乘街車(Tram)會比巴士來得方便許多

Treptow-Köpenick

熱 門 景 點

上午

柏林分子人
Molecule Man
施普雷河上的交會

☒Spree河中,在奧伯鮑姆橋或是附近的河岸,即可看到 ➡搭乘S41、S42、S8、S85、S9至Treptower Park站下車。走至Elsenbrücke上即可看到 ⌛0.5小時 🌐www.berlin.de/sehenswuerdigkeiten(輸入Molecule Man) 🗺P.153

位於奧伯鮑姆橋及艾爾森橋(Elsenbrücke)之間的施普雷河上,有著高達30公尺、重約45噸,看起來就像大型的水上玩具,就是柏林分子人。由知名美國藝術家Jonathan Borosky設計,他在早期就有許多分子結構的相關藝術創作。柏林分子人是他於1997年完成的銀色鋁製藝術品,並曾於1999年親自到柏林看自己的作品。分子人上面的洞代表著構成人

類的分子,而對他來說分子本身又是由水和空氣所構成,這樣的想法對他的創作一直有很大的影響。

從3個不同方向來的柏林分子人,在施普雷河上交會,不但象徵著柏林3個行政區:腓特烈斯海因區、十字山區以及特烈普托區的相遇,同時在當時更代表著東、西柏林的統一。欣賞該藝術品最佳的位置在艾爾森橋或是兩側的河岸(Spreeuferweg)。

1.Spreeuferweg上有著美國藝術家Jonathan Borosky和分子人的介紹 / 2.近看柏林分子人 / 3.分子人是柏林重要的紀念性藝術品

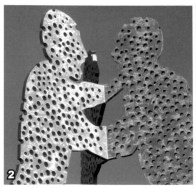

特列普托公園
Treptower Park

紀念蘇軍勇士們

✉ Am Treptower Park 20, 12435 Berlin | ➡ 從搭乘S41、S42、S8、S85、S9至Treptower Park站下車。下車後可以搭巴士165、166、265直接到公園中心，離蘇聯紀念碑較近 | 🕐 1小時 | http w ww.visitberlin.de/de/treptower-park | MAP P.153

1876年由園藝建築師Gustav Meyers設計的特列普托公園，在當時的柏林算是三大城市建案之一，占地85公頃，種植了7萬顆以上的樹木，歷時12年才完工。公園建立後一直是該區居民休閒、野餐的好地方。然而，二戰時這裡卻成為大型的萬人塚，1949年，蘇聯在公園的中央設置了巨型的蘇聯紀念碑(Sowjetisches Ehrenmal)是蘇聯國家以外最大的相關紀念碑，以悼念那些與納粹對戰而死亡的紅軍士兵們。

參觀重點：

1.玫瑰園(Rosengarten mit Wasserfontänen)

2.母親祖國雕像(Mutter Heimat)

3.蘇聯紀念碑(Sowjetisches Ehrenmal)：蘇聯紀念碑高13公尺，一名士兵銅像左手抱著一個被拯救的小孩，右手拿著刀，踐踏著納粹的萬字標示，象徵著蘇聯對於戰勝納粹主義的貢獻。

4.Archenhold天文台：德國最老、最大的天文台，著名的折射望遠鏡，長21公尺，重130噸，鏡頭開口寬度有68厘米。

5.青年島及修道院橋(Abteibrücke zur Insel der Jugend)：位於公園東南方的一角。

1.特列普托公園 / 2.蘇聯紀念碑 / 3.典型蘇聯時期風格的公園 / 4.母親祖國雕像

1.科本尼克宮 / **2.**值得一看的是在宮殿教堂(Schlosskapelle)內的巴洛克式的管風琴，目前教堂內常舉辦音樂會

下午

科本尼克宮殿
Schloss Köpenick

河中小島上的巴洛克式宮殿

✉ Schlossinsel 1, 12557 Berlin│📞0302664242
42│🕐10～3月：週四～日11:00～17:00、週一
～三休館。4～9月：週二～日11:00～18:00、週
一休館│💲(Schloss Köpenick Kunstgewerbe-
museum 博物館) 成人6€、優惠3€│➡搭乘S47
至Spindlersfeld站下車；Tram27、60、61、62、
67至Schlossplatz Köpenick站；巴士164、167
Schlossplatz Köpenick站下車│⌛1～1.5小時│
http www.smb.museum (選擇「Museen & Einrich-
tungen的Alles auf einen Blick」再選Schloss Kö-
penick)│MAP P.153

　巴洛克式的科本尼克宮由荷蘭建築師
Rutger van Langervelt於1677～1682年間，
爲了當時的腓特烈王子(後來的腓特烈大
帝一世)所建造，宮殿裡奢華房間中的珍
貴家具及收藏品，無一不張顯當時攝政
王朝霍亨左倫興盛時的氣派作風。宮殿
的一側緊鄰著達默河(Dahme)，被英式
花園包圍著。宮殿內設有柏林公立工藝
博物館(Kunstgewerbemuseum im Schloss
Köpenick)，開放參觀。

知識充電站
科本尼克小歷史

　科本尼克其實
是一個比柏林還
老的城區，在9世
紀時已經有人居
住於此，當時稱
作Kopanica。12
世紀成為布蘭登
堡的候國，17世
紀時，許多手工
藝者以及胡格諾
派教徒在這裡定
居，19世後成為
了工業區。戰後雖然有許多地方被破壞，
但是城市重建後，該城區的歷史氣息仍然
存在著。今日的科本尼克舊城(Altestadt
Köpenick)，仍保留許多兩層樓的傳統建
築，尤其是在Kietz街道上，更是座落著許
多超過200年歷史的房子。

1.科本尼克市政廳 / **2.**老城區的餐廳

米格爾湖
Großer Müggelsee
柏林最大的湖

✉ Großer Müggelsee, 12587 Berlin │ ➡ 搭乘 Tram 60、61至 Müggelseedamm/Bölschestr. 或是Bruno-Wille-Str. 站下車 (若是從市中心直接前往米格爾湖，最直接的方式，是從柏林市中心搭S3往Erkner方向至Friedrichshagen站，下車後步行數分鐘即達) │ ⌛2小時 │ http www.ammueggelsee.de │ MAP P.153

施普雷河向東流入大米格爾湖這一段稱為Müggelspree。大米格爾湖加上東南方的小米格爾湖共有將近7.4平方公里的面積，是柏林最大的湖泊。和柏林西邊的萬湖一樣，這裡提供許多的水上活動及設施，在夏季時，這裡會有很多人從事駕駛帆船、衝浪或是游泳等活動。若想要清閒優雅地搭船遊湖，這裡也有許多船運公司規畫了不同的路線(3～10月行駛)，例如從特烈普公園沿著施普雷河至米格爾湖，或是米格爾湖環湖遊，都是很好的選擇。

參觀重點：

1. 米格爾公園(Müggelpark)

2. 施普雷通道(Spreetunnel)：當初會建造這個通道，起因於Friedrichshagen太受歡迎，原先從科本尼克到Friedrichshagen的船運負荷不了大量的觀光客。於是，當地於1926年開始，決定建造在當時轟動一時的隧道工程，這也是當時德國第一個鋼筋混凝土建材的隧道。隧道從1927年開始啟用，長120公尺、寬5公尺，想要體驗在施普雷河下8.5公尺的隧道內漫步，千萬別錯過這裡。

3. 米格爾塔(Müggelturm)：米格爾塔高30公尺，位於湖的西南方。從公園出發，沿著湖岸走大約需50分鐘，才可抵達。

4. 自來水廠博物館 (Museum im Alten Wasserwerk)

1.春天的米格爾湖景 / 2.湖上可見當地人惬意地搭船用餐及遊湖

當日餐飲

在特列普托公園附近可以選擇Haus Zenner (Restaurant & Biergarten)開業於1955年，提供將近1,500個座位，是柏林最大的餐廳之一。提供多樣當地的菜色，不定期也會有活動表演。

✉ Alt-Treptow 14-17, 12435 Berlin │ ☎ 0305337 370 │ 🕐 週一～三休息、週四～六12:00～20:00、週日10:00～20:00 │ 💲 套餐14～20€

若是在米格爾區，則是可以在腓特烈哈根的主街上找一間自己喜歡的餐廳用餐喔！

旅行小抄

腓特烈哈根

位於米格爾湖北岸的腓特烈哈根(Friedrichshagen)是當地非常受歡迎的景點區，與科本尼克東北方以只有120公尺長的施普雷隧道相連結。這裡不但是該湖的港口，提供湖上交通及觀光客遊湖，在夏日時還有許多水上活動。在這個小市區內可以漫步，欣賞街道兩旁的傳統房屋，主街Bölschestraße上咖啡廳和餐廳的選擇也相當得多。

1.港口提供遊湖服務 / 2.Christophoruskirche教堂 / 3.街上都會有旅遊資訊，邊走邊玩最輕鬆

萬湖一日遊
Wannsee

萬湖是由哈弗爾河分流形成的湖泊,分為大萬湖和小萬湖,
是從柏林進入波茨坦市的必經之地。萬湖區是柏林西區居民的休閒勝地,
綠樹公園加上美麗的湖景,在假日時總是人潮滿滿。
在哈弗爾河上,有一座童話般的小島:「孔雀島」,需要搭船才能抵達
漫步在島上,可以享受著清新的空氣並參觀普魯士時期的宮殿。
而在萬湖的西南區則座落著義大利風格夢幻般的「格林尼科宮」。

萬湖區

Kladow

科拉多舊城
Alt-Kladow

新哥德式老牛奶場
Meierei

Havel

孔雀島宮
Lustschloss

露易斯寺
Luisentempel

Nikolassee

Brandenburg
Berlin

孔雀島及孔雀島宮殿
Pfaueninsel und
Schloss Pfaueninsel

萬湖會議別墅
Haus der
Wannsee-Konferenz

Sacrow

Havel

大萬湖
Großer Wannsee

Steglitz-
Zehlendorf

騎士之屋
Kavalierhaus

Jungfernsee

格利尼克賭場
Casino Glienicke

農舍小屋
Schweizerhaus

萬湖車站
S-Bahn Wannsee

大好奇心瞭望亭
Große Neugierde

小萬湖
Kleiner Wannsee

格林尼克宮
Schloss Glienicke

萬湖區
Wannsee

小好奇心瞭望亭
Kleine Neugierde

Klein
Glienicke

金獅噴泉
Löwenfontäne

交通

從市區到萬湖

萬湖區被規畫在柏林市交的B區，搭乘S-Bahn S1至終點站Wannsee，或是S7往波茨坦(Potsdam)的方向，在Wannsee站下車。Regional Express(DB)搭至S-Bahn Berlin-Wannsee站。

搭船F10 (Wannsee至Alt-Kladow)

抵達萬湖車站後，可在一旁的公園找到搭船的站點。在湖邊有不同的船運公司營運。船行一共是4.4公里，是柏林最長的船運行程，是當地人搭船遊湖的最愛。船運每小時一班。

巴士X34

從市中心的S+U Zoologischer Garten Bhf，可以直接搭巴士X34往Kaserne Hottengrund方向，大約40分鐘的車程到Alt-Kladow站。再從Alt-Kladow搭船到萬湖也是一種選擇。

一日遊行程規畫

方案 1
上午
遊萬湖
中午用餐
當日餐飲
下午
孔雀島及孔雀島宮殿

方案 2
上午
孔雀島及孔雀島宮殿
中午用餐
當日餐飲
下午
格林尼克宮

萬湖碼頭

Wannsee

熱門景點

上午

萬湖
Wannsee

柏林郊區遊湖首選

✉Wannsee, 14129 Berlin │ ➡(見P.162) │ ⌛2
～3小時 │ www.visitberlin.de/de/wannsee │
MAP P.161

到了萬湖車站之後，只要跟著人潮走就對了，因為來到這裡的人，不是到萬湖遊湖，就是在湖邊公園活動。車站旁邊不到數分鐘的路程，就可以看到公園內的俾斯麥雕像，再往前走就大約可以看到碼頭了。在碼頭可以看到由柏林交通公司所營運的F10船運路線，每小時一班，遊湖過程大約是20分鐘，船上有內艙座位，路線從萬湖行駛到對岸的科拉多城。整個柏林城市有將近7%的面積是水，來到柏林一定安排遊湖行程，才能夠完整的體驗到這個城市的特別之處。

旅行小抄

漫步在科拉多的鄉間小路

一開始，斯拉夫人居住在科拉多，直到12世紀才由德國移民接管。屬於施潘道行政區(Spandau)的科拉多，一直以來都是以村莊式的小田園生活聞名。在這裡，不只擁有大萬湖區的湖畔風光，走在舊城街上，可以讓人忘卻城市的喧囂，大城市中的鄉村風情，在假日時吸引不少柏林當地人來到這個小城鎮，在湖畔邊特色餐廳的戶外用餐區，享受愜意的午餐及午後時光。

春天的科羅拉多舊城，充滿了詩意

孔雀島及孔雀島宮殿
Pfaueninsel und Schloss Pfaueninsel

哈弗爾河上的明珠

✉ Nikolskoer Weg, 14109 Berlin │ ☎ 03319694-200 │ 🕐 11～2月10:00～16:00；3、10月09:00～18:00；4、9月09:00～19:00；5、8月09:00～20:00 (2018～2024宮殿大整修，不開放) │ 💲 渡輪票價(非BVG營運)4€、優惠價3€。票價已包含島上的門票，宮殿需另外付費參觀 │ ➡ 至萬湖車站後，搭乘巴士218線到萬湖區西邊的孔雀島碼頭站，再從此站搭船(Luise：Wannsee至Pfaueninsel)到孔雀島，船班約每15分鐘一班。(Luise船運營運時間：4、9月09:00～19:00；5～8月09:00～20:00；3、10月09:00～18:00；11～2月10:00～16:00)補充：巴士218線(見次頁) │ ⏳ 2.5～3.5小時 │ 🌐 www.spsg.de/schloesser-gaerten/objekt/pfaueninsel │ ⁉ 島上為自然保護區域，禁止吸煙，狗與自行車不可入島 │ 🗺 P.161

　　18世紀末，腓特烈威廉二世也響應了當時「回歸自然」的口號，喚醒了這個沉睡了100年的小島，以遠離宮廷繁瑣禮儀爲目的，帶著「簡單鄉村生活」的浪漫想法，陸陸續續在島上進行宮殿及園區的改建，並與他的伯爵夫人利希特瑙長期居住在此。腓特烈威廉三世及其備受寵愛的露易斯王后，隨後則將這裡做爲夏宮。1818年起，島上公園由園藝建築師Peter Joseph Lenné所設計，其中大部分爲英式景觀，並增加了許多建築物。在這裡可以和孔雀們一同散步，看看水牛，感受19世紀時期皇室的田園生活。

參觀重點：

1.孔雀島宮殿(Lustschloss)：於18世紀時，於腓特烈威廉二世大帝時建造，城堡的特別之處在於擁有兩座圓型的塔樓，塔樓之間有著鐵橋連接。(圖1)

2.農舍小屋(Schweizerhaus)

3.露易斯寺(Luisentempel)

4.騎士之屋(Kavalierhaus)(圖2)

5.新哥德式老牛奶場(Meierei)(圖3)

快速又愜意的抵達孔雀島，巴士218路

玩家交流

　　這是柏林當地的傳統觀光巴士，巴士從柏林Messe/ICC出發(可以在U2的Theodor-Heuss-Platz站搭車，較好找站牌)，離開了市區之後，進入Grünewald，同時又沿著哈維河河岸行駛，因此在巴士上可以同時享受兩種不同的自然景觀。途中許多站點結合了小景點區，無論是水上活動或是森林健行都非常方便。巴士終點站直接停靠在前往孔雀島的岸邊，車程大約是50分鐘，我非常推薦此路線。(時刻及路線表：www.traditionsbus.de/linie_218)

　　巴士218路線假日9～18點，每小時一班，亦有傳統巴士(historicher Omnibus)的班次(平日每2小時一班)。到碼頭等候船班，上船時付費(船票加入島門票)，開船後不到1分鐘的時間，就可以到對岸的孔雀島了。

1.準備搭船至孔雀島 / 2.從市區直達孔雀島的218傳統巴士 / 3.218路線沿著哈弗爾河行經Grünewald區，河邊亦都有船運碼頭 / 4.傳統巴士內的復古座椅 / 5.抵達孔雀島

格林尼克宮
Schloss Glienicke
義式古典主義別墅

✉ Königsstraße 36, 14109 Berlin | ☎0331969-4200 | ⏰4～10月的週二～日10:00～17:30；3、11、12月的週末及假日為10:00～16:00；1、2月不開放 (每年的開放月分不同，請上官網查詢) | 💲門票6€、優惠票5€ | 🚌到萬湖車站後，搭乘巴士316線到Schloss Glienicke站下車 | ⧗2～3小時 | 🌐www.spsg.de/schloesser-gaerten/objekt/schloss-glienicke | 🗺P.161

　1823年，年輕的普魯士卡爾王子從一趟義大利之旅返回柏林後，希望能在柏林亦有個羅馬式的別墅宮殿。於是在1825年，他即與御用的建築師申克爾討論，打算一同在格林尼克實現他心中的古羅馬式夏宮。今日所看到的宮殿外有兩座金獅噴泉，有著呈現平穩而對稱的結構，亦成功實現了王子的理念：自然與建築藝術的結合，像這樣古典形式的莊園風格，和其他普魯士時期的宮殿有著明顯地不同。

　目前宮殿已被列入UNESCO世界文化遺產，卡爾王子大部分的收藏品，以及申克爾的藝術品都收藏於此，同時也有展示普魯士宮廷園丁的相關歷史。

參觀重點：

1. 宮殿內：紅沙龍廳、白沙龍廳 (Roter Saal, Weißer Saal)。
2. 金獅噴泉(Löwenfontäne)
3. 格林尼克賭場(Casino Glienicke)
4. 大、小好奇心瞭望亭(Große Neugierde, Kleine Neugierde)

1.格林尼克宮外的雙金獅噴泉 / 2.格林尼克宮賭場 / 3.花園涼亭一景 / 4.瞭望亭入口處的馬賽克裝飾

旅行小抄

格林尼克橋

　　從宮殿再往西走，即是格林尼克橋(Glienicke Brücke)，這是從柏林通往波茨坦的橋梁，在二戰後的歷史中有著非常重要的意義。因為其連接了冷戰時期的西柏林以及波茨坦(東德)，就有如連結了兩個完全不同的世界。當時這裡也是東西德出入境的檢查站點之一。電影《間諜橋》(Bridge of Spies)，即是改編一次在橋上進行蘇美交換間諜的歷史故事。

1.波茨坦市端的橋頭有著告示牌，這裡曾經是東西德的邊界 / **2.**黃昏時的格林尼克橋

知識充電站
萬湖會議別墅

　　二戰歷史上聞名的「猶太人最終解決方案」(Die Endlösung der Judenfrage)，就是由數十名納粹德國的高層幹部聚集在此昭開會決議的。1952～1988年，這裡被作為學校教育營地，1982年則被柏林政府設立為紀念館。今日這裡已經成為了「猶太人大屠殺紀念館」，是官方的博物館及教育機構。現在萬湖會議別墅內，保存了會議當時的原始文件及相關文獻。同時亦有迫害猶太人歷史的視聽裝置，也可以看到猶太人居民真實生活的照片及書籍。

✉ Am Großen Wannsee 56-58, 14109 Berlin
🌐 ghwk.de

當日餐飲

1. 在萬湖車站附近：Loretta am Wannsee (www.loretta-wannsee.de傳統德國餐廳)。

2. 在萬湖會議別墅附近：Restaurant Seehaase (www.restaurant-seehasse.de多國菜色)。

3. 在科拉多舊城：碼頭邊的餐廳。

4. 在孔雀島：島上只有咖啡廳，可自備簡單餐點。

5. 格林尼克宮附近：Lutter & Wagner im Schloss Glienicke (www.schloss-glienicke.de)。

施潘道一日遊
Spandau

施潘道位於柏林的西北區，該城區起源比柏林還早，在當時擁有自己的獨立市政。
因優越的地理位置，於中世紀起即扮演軍事城市的角色。
在舊城東北方的「施潘道要塞」，建立於16世紀，在文藝復興時期的軍事建築上有著重要的地位。
想要遠離柏林市中心的喧囂，施潘道舊城區加上軍事堡壘的一日遊行程是再適合不過的了！
若時間允許，還可以至賴尼肯多夫區(Reinickendorf)的泰格爾(Tegel)，
這裡有著泰格爾湖及悠閒的林蔭步道，以及德國大文學家歌德於18世紀時，
到該區造訪亞歷山大‧馮‧洪堡及大文豪歌德的足跡喔！

施潘道

往 📷 泰格爾湖
Tegeler See

📷 施潘道要塞
Zitadelle Spandau

Falkenseer Platz

Neuendorfer Straße

Havel

Möllentordamm

Hohen Steinweg 📷

Kolk

📷 科爾克區
Kolkviertel

Altstädter Ring

Am Juliusturm

Viktoria-Ufer

Jüdenstraße

U
Altstadt Spandau

📷 瑪莉亞教堂
St. Marienkirche

Moritzstraße

Ritterstraße

📷 宗教改革廣場
Reformationsplatz

📷 歌德式屋
Gotisches Haus

An der Spreeschanze

Zitadelle U

施潘道舊城
Altstadt-Spandau 📷

Carl-Schurz-Straße

Charlottenstraße

Fischerstraße

Lindenufer

Havel

Spree

Spree

Mauerstraße

Breite Straße

📷 尼古拉教堂
St.-Nikolai-Kirche

S Spandau Bhf

交通

從市區前往施潘道

1.不經過奧林匹克體育館

直接抵達施潘道要塞,可以搭乘U7往Spandau方向,在Zitadelle站下車(距離米特區大約30分鐘車程)。接著可以再搭U7或是巴士X33至Bhf Altstaddt Spandau或是散步前往施潘道舊城。

2.經過奧林匹克體育館

從市區可以搭乘S3、S9或是U2至Olympiastadion站,步行數分鐘即可達。參觀完後,再搭S3或S9前往Spandau。然而Spandau S-Bahn車站離舊城及要塞堡壘有段距離,建議可以轉搭X33到舊城及要塞堡壘。

從市區前往泰格爾區

搭乘U6到終點站Alt-Tegel站下車後,轉搭公車124、125或是133等路線至An der Mühle站。附近景點步行可達。

從施潘道前往泰格爾區

搭乘巴士X33(往Wilhelmsruher Damm方向)至Holzhauser Str.(約25分鐘),下車後轉搭巴士133(往Alt-Heiligensee方向)至An der Mühle站下車(約15分鐘)。

一日遊行程規畫

方案 1	上午 施潘道舊城
	中午用餐 當日餐飲
	下午 施潘道要塞

方案 2	上午 施潘道舊城、施潘道要塞
	中午用餐 當日餐飲
	下午 泰格爾區

方案 3	上午 奧林匹克體育館、施潘道舊城(或施潘道要塞擇一)
	中午用餐 當日餐飲
	下午 泰格爾區

1.Zitadelle地鐵非常有特色的月台 / **2.**Zitadelle地鐵站出口

Spandau

熱門景點

上午

斯潘道舊城
Altstadt-Spandau

古老的歷史城區

✉Altstadt Spandau, 13597 Berlin │ ◎公共空間 │ ➡搭S3或S9至Spandau站下車，轉車X33至舊城 │ ⏰1小時 │ http www.berlin.de (進入後輸入 Altstadt Spandau) │ MAP P.169

　　施潘道，是一個歷史起源比柏林還早的城區，大約7～8世紀開始就有斯拉夫人居住，至今在城區北邊還可以看到15世紀的古城牆遺跡。位於舊城區東北方的施潘道要塞，則是建於16世紀。在一次大戰之前，該區一直是德國的軍事工業重心。該城區直到1920年時才整合至大柏林(Groß-Berlin)。

　　施潘道舊城所有的重要景點步行即可抵達，主街Carl-Schurz-Straße串連起地鐵站、市集廣場、教堂、圖書館、百貨公司、電影以及異國餐廳。然而其緩慢的生活步調，加上中世紀小城區科爾克區，還看得到傳統的半木造構建築房屋。讓人就像搭了時光機回到過去一樣。

1.教堂內巴洛克式講壇 / 2.超過600年歷史的聖尼古拉教堂 / 3.教堂內一景

參觀重點：

1. **聖尼古拉教堂 (St.-Nikolai-Kirche)**：超過600年歷史的中世紀哥德式教堂。(www.nikolai-spandau.de) 教堂內值得參觀的是巴洛克式講壇(原屬於波茨坦宮殿教堂，講壇裝飾有3隻代表普魯士王國的黑鷹) 以及Spandauer Madonna的複製品。

2.宗教改革廣場(Reformationsplatz)

3.聖瑪莉亞教堂(St. Marienkirche)：柏林第二古老的天主教教堂。

4.歌德式屋—歷史博物館及旅遊中心(Gotisches Haus, Breite Straße 23)：柏林保存最老的聯排別墅，於15世紀建造，使用特殊石頭建材，可以看到歌德式建築風格的雙尖拱廊及羅紋拱頂。

5.科爾克區(Kolkviertel)：施潘道最老的住宅區，有座中世紀的噴泉。在Hohen Steinweg沿路還保有古城牆遺跡，街道兩旁可以看到18～19世紀的傳統房屋。

1.施潘道最老的住宅區 / 2.古城牆遺跡 / 3.聖瑪莉亞天主教教堂 / 4.舊城區的市集廣場(Marktplatz)

旅行小抄

奧林匹亞體育館 Olympiastadion
德國最大、五星級的體育館

✉ Olympischer Platz 1, 14053 Berlin
http www.olympiastadion-berlin.de

從柏林市中心搭地鐵U2前往施潘道城區的途中，會經過奧林匹亞體育館。這裡是納粹時期，除了滕珀霍夫機場之外的另一個「第三帝國式」建築。

1936年第11屆的奧林匹亞夏季運動會，在二戰前夕的柏林舉辦，希特勒當時下令建築師Werner March建造一個「帝國的體育館」，占地約132公頃，最多可以容納10萬名觀眾(今日75,000名)。

體育館外觀雖然只有16.5公尺高，但是球場卻是與地平面相差了超過12公尺，其規模之大可想而之。在二次大戰之後，球場是馬球及板球的主要會場，今日這裡是德國足協盃決賽的舉辦場地，還會舉辦許多田徑賽事或是其他大型活動。

參觀體育館亦大約要花上1～2小時的時間，可以衡量一下當是否日要一起安排該行程。

1936年柏林的世界奧運會，當時全世界關注的不只是體育界，同時還有納粹時期下的世界

施潘道要塞
Zitadelle Spandau

普魯士時期的軍械庫

✉ Am Juliusturm 64, 13599 Berlin │ ☎ 030354-9440 │ 🕐 週五~三10:00~17:00、週四13:00~20:00 │ 💲成人票4,50€、優惠票2,50€ │ ➡搭乘S3、S9至Spandau站，下車後轉巴士X33至Zitadelle站下車；U7至Zitadelle站下車 │ ⏳1~1.5小時 │ 🌐 www.zitadelle-spandau.de │ ❓導覽3€。3~10月週末11:00 │ MAP P.169

施潘道要塞於位哈維河以及施普雷河交匯處，四周環河是絕佳的戰略地理位置。四邊相等長度(200公尺)的要塞，四角座落著分別以國王、皇后、王儲及布蘭登堡命名的堡壘。

除了軍用之外，要塞曾經也是監獄(至1876年)以及鐵血宰相俾斯麥的「保險庫」(1874年，他將普法戰爭取得的法國巨額賠款存放於此)。

到了納粹時期，這裡成了化學實驗室，許多化學武器實驗都曾在此研發及測試。該堡壘是歐洲境內，目前保存最完整的文藝復興時期軍事建築。今日城堡內除了有城市歷史博物館以及許多當代藝術特展之外，夏日也會有古堡露天音樂會及戶外活動。

參觀重點：

1.指揮官屋(Kommandantenhaus)：展示城堡和堡壘的歷史。

2.4個堡壘及宮殿
(Bastionen und Palast)：其中「國王堡壘」是由75個猶太墓石建造。

3.朱利斯塔樓(Juliusturm)：34.6公尺高，施潘道地標之一，也是柏林最老的建築物之一。

4.演練大廳 (Exerzierhall)：展出許多早期使用的大炮及武器。

1.城垛一景 / 2.演練大廳 / 3.要塞的入口處即是指揮官屋 / 4.塔上方瞭望台可以同時瞭望哈維河及施普雷河

泰格爾區
Tegel

洪堡兄弟之家鄉

泰格爾區位於施潘道的東邊，其中的泰格爾湖是哈維河最大也最美的湖灣之一，面積有4.6平方公里，是柏林的第二大湖。同時，這裡還有航線繁忙的泰格爾國際機場。

來到該區，會讓人自然的放下腳步，忘卻城市的喧囂。無論是在舊城區，還是在格林威治林蔭步道區(Greenwich-Promenade)，其純樸的景色以及四周以及宜人的自然風光都令人感到悠閒自在。從舊城區往北走，經過著名的海港大橋，在橋上可以看到狹長型的小島：洪堡島。接著即可從公園內找到柏林最古老的樹胖瑪莉以及泰格爾宮殿。這裡就是歌德拜訪亞歷大山‧馮‧洪堡的足跡。

若想前往在格林威治林蔭步道區，則是要從舊城往南方走，享受在林蔭步道漫步同時又欣賞湖景。

參觀重點：
1. 泰格爾湖(Tegeler See)
2. 泰格爾港(Tegeler Hafen)
3. 格林威治林蔭步道
   (Greenwich-Prom-enade)
4. 洪堡島(Humboldtinsel)

Spandau

5.泰格爾宮(洪堡博物館)及宮殿花園(Sch-loss Tegel)：宮殿花園(Humboldt-Sch-loss. Adelheidalle 19, 13507 Berlin.，開放日：週一10:00～16:00，門票：12€)

6.胖瑪莉木(Die Dicke Marie)：推測有800年之樹齡(高18.5公尺、樹幹周長5.98公尺)，距離泰格爾宮不遠處。

7.海港大橋(Sechserbrücke)

1.泰格爾舊城區 / **2.**泰格爾湖 / **3.**柏林最老的樹木：胖瑪莉 / **4.**洪堡島

當日餐飲

1.Hasir-Spandau Restaurant (土耳其餐廳 Breite Str. 43，www.hasir.de)

2.Sy Restaurant Spandau (日式餐廳，(壽司)Breite Str. 33，www.sy-restaurant.de)

3.Steakeria Satt und Selig (牛排餐廳，Carl-Schurz-Straße 47，Sattundselig.de)

4.Brauhaus in Spandau (歐洲菜色，Neuen-dorfer Str. 1，www.brauhaus-spandau.de)

柏林北方郊區城市：
奧拉寧堡市 (Oranienburg)

參觀薩克森豪森紀念館及博物館

薩克森豪森集中營
Sachsenhausen Konzentrationslager Gedenkstätte und Museum Sachsenhausen

紀念所有受難的猶太人

✉ Straße der Nationen 22, D-16515 Oranienburg｜📞 033012000｜🕐 3/15～10/14每日08:30～18:00；10/15～3/14每日08:30～16:30。(冬季博物館周一休息)｜💲 免費｜➡ 搭乘S1至Oranienburg站下車後，轉搭巴士804至Sachsenhausen, Gedenkstätte站下車即達。(亦可以從車站步行約20分鐘至營中集。)｜⏳ 半日～一日｜🔗 sachsenhausen-sbg.de

德國納粹在慕尼黑的郊區建造了第一個猶太人集中營：達豪集中營。隨後在柏林郊區的奧拉寧堡市，將原本的Konzentrationslager Oranienburg改造爲「薩克森豪森集中營」，這裡是當時所有集中營的總部，是所有指揮官及監守員的重要訓練據點及管理總部。

一開始這裡只是囚禁政治犯的地方，隨著納粹時期種族優越的意識型態高漲，在當時被認爲在種族或生理上較劣等的人，開始大量被送入這座集中營(1941年甚至發生大量的蘇聯紅軍戰俘被謀殺事件)。直到1945年爲止，這裡已囚禁了超過了20萬人。

二戰即將結束之際，即將獲得勝利的蘇聯紅軍將抵達集中營，親衛隊(SS)開始疏散3萬多名集中營的囚犯到西北方(死亡遊行)。1945～1950年，這裡成爲蘇聯的7號及1號特別營地(Speziellager)。直到1961年，正式成立「薩克森豪森國家紀念館」。1993年起，則是今日我們所看到的「薩克森豪森紀念館及博物館」(Gedenkstätte und Museum Sachsenhausen)。

1

慕尼黑達豪集中營

玩 家 交 流

達豪集中營（Dachau Konzentrationslager）位於慕尼黑10幾公里之外，於1933年建成啟用。囚犯每天早上無論天氣如何，必須要到點名場上唱名，並且靜止站立1小時。接著他們會因為不同的等級而被迫進行不同的勞務，不過通常都是很沒有意義，或者只是為了娛樂德國軍官的勞動。1945年當蘇聯紅軍即將抵達薩克森豪森集中營時，美軍也來到了南德的達豪集中營。4月時，美軍解放了這裡的囚犯。1965年這裡成為了集中營紀念遺址。

1 集中營入口／**2.** 囚犯會因為身分被以不同顏色分等級，再往下以不同的標示分類

死亡遊行(Todesmarsch)

1945年4月，親衛隊(SS)將3萬多名集中營的囚犯疏散到西北方，囚犯每天要走上數十公里的路程，疾病加上飢餓，導致途中有許多人死亡，超過6,000人死於親衛隊之手。這些屍體無法被處理，後面的隊伍只能踩在這些屍體上繼續行走，後人稱之為「死亡遊行」。

參觀重點：

1. **監獄廚房**：牆上是集中營及蘇維埃特別營地時期的囚犯所畫。(圖2)

2. **集中營入口塔門A**(圖3)

3. **蘇維埃特別營地博物館**(圖4)

4. **營地(Baracke)**(圖1)

5. **T Building**：集中營行政總部。位於旅客服務中心外，約東南方的位置。

還有其他共13個參觀重點，參觀前可以先到資訊中心索取地圖(0,50€)，以利找尋各景點位置。

特輯：波茨坦市
Potsdam

「波茨坦，一個創造歷史的城市」(Potsdam. Eine Stadt macht Geschichte.)，
曾經在一本書中，這樣描述著波茨坦市。從腓特烈大帝一直到德皇威廉二世，
身為副都的波茨坦市，創造的是普魯士王國以及德意志帝國的歷史，
它不但是王城宮邸，同時也是近代上演重要歷史事件的重要地點。
在普魯士王國時期，於波茨坦及柏林西南側的交界處，建造了許多宮殿及花園，
目前這裡約有33座公園及宮殿均被列入「波茨坦暨柏林的宮殿及公園」的UNESCO
世界文化遺產項目。到了柏林，可以安排1～2日的行程到波茨坦遊玩，
真正感受普魯士王國時期的王者風範。

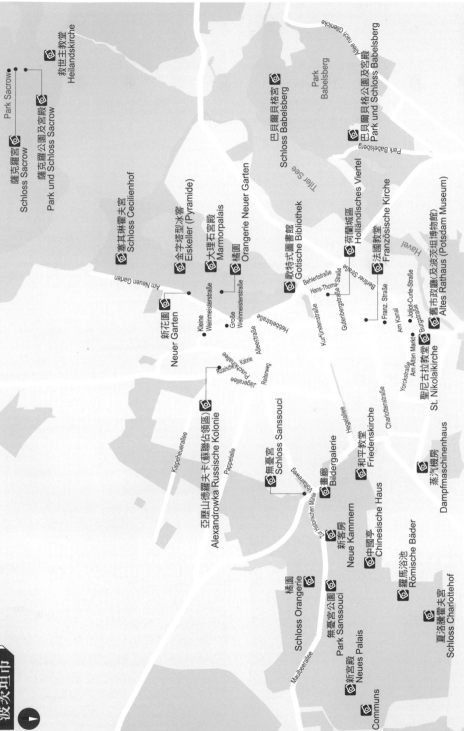

波茨坦市

Communs

新宮殿
Neues Palais

橘園
Schloss Orangerie

無憂宮公園
Park Sanssouci

新客房
Neue Kammern

中國亭
Chinesische Haus

羅馬浴池
Römische Bäder

夏洛騰霍夫宮
Schloss Charlottehof

蒸汽機房
Dampfmaschinenhaus

無憂宮
Schloss Sanssouci

畫廊
Bildergalerie

和平教堂
Friedenskirche

聖尼古拉教堂
St. Nikolaikirche

亞歷山德羅夫卡（蘇聯佔領區）
Alexandrowka Russische Kolonie

新花園
Neuer Garten

塞其琳霍夫宮
Schloss Cecilienhof

金字塔型冰窖
Eiskeller (Pyramide)

大理石宮殿
Marmorpalais

橘園
Orangerie Neuer Garten

哥特式圖書館
Gotische Bibliothek

荷蘭城區
Holländisches Viertel

法國教堂
Französische Kirche

舊市政廳（及波茨坦博物館）
Altes Rathaus (Potsdam Museum)

薩克羅宮
Schloss Sacrow

薩克羅公園及宮殿
Park und Schloss Sacrow

救世主教堂
Heilandskirche

Park Sacrow

巴貝貝格宮
Schloss Babelsberg

Park Babelsberg

巴貝爾公園及宮殿
Park und Schloss Babelsberg

Park Babelsberg

Tiefer See

Havel

Alee nach Glienicke

Glienicke

Am Neuen Garten

Kleine Weinmeisterstraße

Große Weinmeisterstraße

Hebbelstraße

Alleestraße

Reilenweg

Jägerallee

Puschkinallee

Kolonie

Russisch

Behlertstraße

Hans-Thoma-Straße

Gutenbergstraße

Kurfürstenstraße

Berliner Straße

Franz. Straße

Joliot-Curie-Straße

Am Kanal

Burgstraße

Am Alten Markt

Yorckstraße

Charlottenstraße

Friedrichstraße

Hegelallee

Voltaireweg

Zur Historischen Mühle

Pappelallee

Kiepheuerallee

Maulbeerallee

交通

波茨坦市的交通不如柏林繁忙,市區內沒有地鐵系統,而是以街車和巴士為主要大眾交通工具。不過為了迎接來自世界各地想要一睹無憂宮花園的觀光客,市區內規畫了「Sanssouci-Linie」路線。巴士X15、605、606及695,從波茨坦火車站前方都直接可以搭乘,若是手邊持有有效的柏林ABC三區的交通卡,可以搭乘波茨坦市區內所有交通工具。(詳請以BVG網站公告為主)行前可以上波茨坦的大眾運輸相關網站(www.swp-potsdam.de/de/verkehr)查詢相關路線資訊。本篇景點介紹的交通指引為波茨坦市內的巴士及Tram的路線資訊。

從柏林市中心到波茨坦

搭乘通勤電車S7,從市中心米特區出發,大約1小時的車程,可直達波茨坦火車站,或是RE、RB區域火車亦有班次前往。

從萬湖區搭巴士及街車到波茨坦

這是比較少觀光客知道的路線,不過這個方式,可以體驗從格林尼克橋(經過

波茨坦市區街車

曾經是東西德邊境)跨越哈維河,「步行」進入波茨坦市。

從S-Wannsee萬湖站搭乘巴士316(平日每小時1～2班,假日每小時3班),直接到格林尼克宮殿及格林尼克橋。可以先規畫

「Sanssouci-Linie」路線:巴士X15、605、606及695

欣賞該區景點,(若是從這裡往南走,可以步行到巴貝爾貝格公園)。過了格林尼克橋,即可轉搭通往波茨坦市區的街車(Tram93),至市區內重要景點區。

格林尼克橋上可以看到當時東西德的分界

旅行小抄

這樣遊波茨坦最輕鬆

波茨坦市雖然有許多值得看的景點,讓人想要一次全部看完,但是依據我的經驗,建議上、下午各逛一個公園即可,若是無憂宮公園,則建議排一天,因為前往該區的巴士班次較少(通常1小時2班),光是從柏林市中心到波茨坦就可能要花上1小時了。若不小心錯過一班車,時間又會浪費掉。另外,公園的面積都很大,以1公里大約13分鐘的步程計算,加上要拍照逛博物館等,行程將會非常緊湊。

用餐的部分,在公園內不一定隨時找得到咖啡廳或餐廳,要記得帶上足夠的水及乾糧麵包。在UNESCO世界文化遺產寶庫區遊走,每個公園的面積都很大,而且各建築物景點之間都有些距離。

Potsdam

熱 門 景 點

舊市政廳 Altes Rathaus
(波茨坦博物館 Potsdam Museum)
藝術與歷史的對話

📧 Am Alten Markt 9, 14467 Potsdam │ ☎ 03312 896868 │ ◯ 週一休館。週二～五10:00～17:00(週四至19:00)、週末及假日10:00～18:00 │ 💲 博物館常設展5€、特展5€；套票7,50€ │ ➡ 搭乘巴士604、605、609、614、631、638、650、695至Lange Brücke(過橋即達)；Tram 91、92、93、96、98及99至Alter Markt/Landtag站下車 │ ⏱ 1小時 │ 🌐 www.potsdam-museum.de │ 🗺 P.179

2012年起，舊市政廳成為了波茨坦博物館的所在地，目前的常設展詳細的介紹了布蘭登堡州府的歷史

舊市政廳於1753年由建築師Johan Bouman所設計，為巴洛克式建築。1966年市政廳重新被打造，透過現代式的建築與右方的Knobesdorffhaus相連，成為該地重要的文化中心。2012年起，舊市政廳成為「波茨坦博物館－藝術和歷史論壇」的所在地，目前的常設展詳細地介紹了布蘭登堡州府的歷史。

聖尼古拉教堂
St. Nikolaikirche
古典主義風格新教教堂

📧 Am Alten Markt, 14467 Potsdam │ ☎ 033270 8602 │ ◯ 10:00～19:00、週日11:30才開放 │ ➡ 搭乘巴士631、605、695、604等至Alter Markt/Landtag站下車；Tram91、92、93、96、99至Alter Markt/Landtag站下車 │ ⏱ 0.5小時 │ 🌐 www.nikolai-potsdam.de │ 🗺 P.179

聖尼古拉教堂為一古典主義風格新教教堂

和舊市政廳同樣位於波茨坦中心位置老市場(Alter Markt)上。尼古拉教堂建於1826年，是建築師申克爾採用古典主義風格設計的新教教堂。教堂的高度約77公尺，圓頂的直徑寬達24公尺，內部設有約1,000個座位。在42公尺高的觀景台上，可以一覽市中心及哈維爾河的湖泊景色。

荷蘭城區
Holländisches Viertel

波茨坦中的荷蘭風

✉ Mittelstraße, 14467 Potsdam ┃ ➡ 搭乘巴士
604、609及638至Nauener Tor站，下車即達；
Tram92、96至Nauener Tor站下車 ┃ ⌛ 1小時
┃ http www.potsdam.de/hollaendisches-viertel ┃
MAP P.179

荷蘭城區是波茨坦市重要的景點之
一。該城區源起於18世紀時，腓特烈·
威廉一世以優渥的條件邀請荷蘭的專
業工匠至波茨坦工作。然而，當時只
有4位工匠願意前來這個陌生的城市，
其中一位是荷蘭建築大師楊·鮑曼(Jan
Bouman)，對於該區的初期建設及發展有
最大的貢獻。雖然直到1742年為止，共
只有22位荷蘭人來到這裡，不過，這裡
也開始吸引當地的工匠者前來，年輕藝
術家也都紛紛前來築夢。

二戰時，該區134戶二層樓的荷蘭式房
屋中，幸運地只有小部分受到損壞；戰
後DDR時期，這裡也逃過被拆除改建為
單調一致的板式建築住宅區(Plattenhaus)
的命運，完整保留荷蘭城區原有的特色
及樣貌。

城區內的Mittelstraße以及Benkertstraße

1.荷蘭城區的山牆房屋 / 2.3.下午茶時間可以到Das
Käsekuchen-Café點一份手工蛋糕及咖啡 / 4.城區
內咖啡廳的戶外座位總是比較受歡迎 / 5.城區內特
色小店

是主要的街道，兩側有許多的小商店、
咖啡廳、餐廳以及手工藝品店。天氣好
的時候，更可以看到許多當地人及觀光
客在咖啡廳的戶外座位，帶著太陽眼
鏡，喝著咖啡享受荷蘭風的午後時光。

亞歷山德羅夫卡（蘇聯占領區）

Alexandrowka Russische Kolonie 及 Alexandrowka Museum 博物館

紀念普俄友誼

✉ Russische Kolonie 2, 14469 Potsdam ｜ ☎ 03 318170203 ｜ ⏰ 3月週五～日10:00～18:00；4～10月週四～二10:00～18:00；冬季休館(上述為2019年開放時間。每年月分時間略有不同，請上網官查詢) ｜ 💲 成人3€、優惠3,50€ (參觀者生日當天免費入館) ｜ ➡ 從Potsdam Bhf搭乘巴士604、609至Am Schragen/Russische Kolonie站下車；Tram96、92至Am Schragen站下車 ｜ ⏳ 1小時 ｜ 🌐 www.alexandrowka.de ｜ 🗺 P.179

位於波茨坦市中心大約西北方的位置，有非常多俄式傳統建築房屋以及獨特的園區小巷。這裡就是「亞歷山德羅夫卡－蘇聯占領區」。該區是由13座俄羅斯傳風格的房屋，以及兩條象徵著聖安德魯十字架的小巷構成(從下圖的紀念碑上可看出此設計)。

1812年時，拿破崙要求在1806年普法戰爭失敗的普魯士，一同出兵對抗俄羅斯。當時數千名被俘擄的俄羅斯軍人中，有62名被送到波茨坦。在這裡，他們被組成了一個提供戰時軍官們娛樂的俄羅斯軍人合唱團(Sängersoldaten)。在1813年，普魯士和俄羅斯卻成了盟友，不僅如此，腓特烈·威廉三世及亞歷山大沙皇一世也成了一生的摯友。因此在1825年沙皇逝世時，腓特烈三世特地將這區規畫給俄羅斯合唱團士兵(合唱團後來縮編至12人)，並建造房屋給他們居住。該區更以沙皇的名字命名為：Alexandrowka。直至2013年，僅餘3戶住家是當時合唱團成員的直系後裔。

亞歷山德羅夫卡區根據居民及腓特烈三世的想法，由花園建築師Peter Joseph Lenné規畫，整體的設計(中央的十字架小巷)被認為是對於俄羅斯教會聖徒之一的致敬。目前的2號房屋為博物館，館內記錄相關詳細的文獻資料。該區於1999年，列入波茨坦於UNESCO世界文化遺產中的紀念碑區之擴建項目。

城區其他參觀重點：

1. 亞歷山大·涅夫斯基紀念教堂(Alexander-Newski-Gedächniskirche，1829)：該教堂由當時聖彼得堡宮廷設計師Stassow 設計，除了俄羅斯東正教教堂該有的風格，亦結合了普魯士御用建築師申克爾所增加古典主義元素。(圖3)

2. 傳統俄羅斯木頭房屋(圖4)

3. Alexandrowka博物館(房屋2號)

4. 花園咖啡廳 Gartencafé

5. 俄羅斯茶屋 Russische Teestube (房屋1號)

1. 路旁的紀念碑 / **2.** 每戶住家都附有陽台，並且有頂棚與一旁的小屋相連 / **3.** 亞歷山大·涅夫斯基紀念教堂 / **4.** 俄羅斯茶屋

新花園
Neuen Garten Puschkinallee
英式花園風格

✉ Am Neuen Garten, 14467 Potsdam │ ☎ 0331
9694200 │ ⏰ 8:00～天黑 │ 💲 免費參觀 │ ➡ 搭
乘巴士603至Glumestr.站、Persiusstr.站或是Am
Neuen Garten/Große Weinmeisterstr.站下車，步
行數分鐘即達；Tram92、96至Puschkinallee站下
車 │ ⏳ 2～2.5小時 │ 🌐 www.spsg.de/schloess-
er-gaerten/objekt/neuer-garten │ 🗺 P.179

新花園區東北方是Jungfernsee，西側
是Heiliger See，面積大約有102.5公頃，
隔著哈維河和沙克羅、孔雀島、克利尼
克以及巴貝斯貝格公園相連結。王儲腓
特烈威廉二世買下這塊地之後，於1787
年開始打造他自己的英式花園，「新花
園」代表對巴洛克的建築風格(無憂宮)的
告別，呈現出新的庭園景象。

園區裡有許多建築物，其中最知名的是
位於北方的塞其琳霍夫宮(Schloss Cecilien-
hof)，以及西側鄰近Heiliger See的大理石
宮(Marmorpalais)。這裡適合安排一個上
午或下午的行程，步行在英式的林蔭小
道，一一探索園區內的各景點。

參觀重點：

**塞其琳霍夫宮(Schloss Cecilien-
hof)**：該行宮是霍亨左倫王朝時期建造
的最後一個宮殿，也是他的夏日行宮。
在歷史上最重要的意義莫過於在1945年
二次大戰結束之後，3大盟國的代表齊聚
於此，進行「波茨坦會議」。此會議確
定了許多影響歐洲政治近半個世紀的決
議，柏林(以及維也納)被劃分爲4個占領
區，即是其中之一的決議。今日這裡已

新花園裡的Schwanenbrücke

成爲飯店及餐廳，但是波茨坦會議時所
使用的家具及裝潢，仍然被保留下來並
開放參觀。

其他參觀重點：

大理石宮殿Marmorpalais、橘園Orangerie
Neuer Garten、歌特式圖書館Gotische Biblio-
thek、金字塔型冰窖Eiskeller (Pyramide)。

知識充電站

柏林暨布蘭登堡普魯士宮殿及公園基金會

Stiftung Preußische Schlösser und
Gärten Berlin-Brandenburg

「波茨坦暨柏林的宮殿及公園」於1990
年被列入UNESCO世界文化遺產，1994
年該基金會成立，負責所有相關的文化遺
產，從歷史、建築、園藝技術等做保護、
修繕及相關研究。受到保護的建築物、公
園設施、藝術品分別座落於柏林、波茨坦
及布蘭登堡州。

在旅行時，看到建築物旁有個小告示牌會寫著
UNESCO的相關標示，就代表又多了一個世界
文化遺產被你發現囉！

無憂宮公園
Park Sanssouci
宮廷、園藝建築的最高典範

✉ Zur Historischen Mühle1, 14496 Potsdam │ 📞03319694200 │ ⏰(公園)08:00～天黑 │ ➡搭乘巴士614、650、695、697至Schloss Sanssouci站(下車後步行約2分鐘)、巴士605、606或是Tram91、94至Luisenplatz站或是Schloss Charlottenhof站(下車後步行約2～5分鐘)、巴士605、606、695至Neues Palais │ ⏳半日或一日 │ 🌐www.spsg.de/schloesser-gaerten/objekt/park-sanssouci │ ❓除了Schloss Sanssouci及Neues Palais之外，部分宮殿於冬季時不開放或是限定日期開放，出發前應上網查詢 │ 🗺P.179

無憂宮公園占地約300公頃，是東西向距離超過2公里的宮殿建築群公園。1990年列入UNESCO世界文化遺產，以腓特烈大帝二世親手設計的無憂宮而聞名於世。在1743年後的數年內，大帝陸續在園內建造了許多小型的宮殿以及涼亭。

1840年後，腓特烈大帝威廉四世將兩座宮殿前方的花園再次擴大重整。無憂宮公園結合園林、自然環境、以及浪漫加上古典主義的雕塑作品和建築群，走在公園中，讓人彷彿真的置身於18世紀的普魯士時期。

1.3.無憂宮公園 / **2.**涼亭Laube

參觀重點：

1.無憂宮(Schloss Sanssouci)： 根據腓特烈大帝二世的草圖，建築師G.W. von Knobelsdorff將帝王希望無憂生活的願望，在此實現了。1873年威廉一世將宮殿改成博物館(德國第一座宮殿博物館因此而誕生)，開放參觀。

無憂宮內參觀重點：

大理石廳(Marmorsaal)、伏爾泰房間(Voltaire-Zimmer)、威瑪甕(Weimar-Urne)、音樂廳(Konzertzimmer)、圖書館(Bibliothek)、涼亭(Laube)(室外)。

2.畫廊(Bildergalerie)： 位於無憂宮的東側，收藏Rubens、Caravaggio以及Tintoretto等藝術家的畫作，是德國最早為收藏藝術而建造的建築(1755～1764)。主要為腓特烈大帝二世收藏之弗拉蒙及荷蘭巴洛克時期的畫作，同時還有義大利文藝復興、18世紀法國的雕塑作品，一共約有180件。(參觀重點：Rubens mn Dyck的作品，Guido Renis的Der Tod der Kleopatra等。)

3.新客房(Neue Kammern)： 位於無憂宮的西側。這裡原本是要根據G.W. von Knobelsdorff的設計作為橘園之用，後來腓特烈大帝二世將其改為接待賓客之房間，其內不只有豪華的房間，還有許

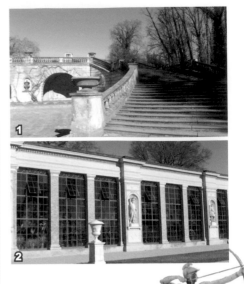

多洛可可式的大廳。現在這裡也可以看到以邁森瓷器(Meißner Porzellan)製作的塑身像收藏品。

4.橘園(Schloss Orangerie)： 橘園建立的目的，一般都是為了要在冬季時存放公園裡的夏季植物花朵。這座義大利文藝復興風格的橘園，在這座巴洛克式公園建築群裡獨樹一格，是喜好義大利文化威廉四世的傑作。這裡同時也作為接待賓客之用。

5.新宮殿(Neues Palais)：這座最具普魯士帝國權力象徵的宮殿，目的為接待皇室賓客之用。內有洛可可式的各式宴會廳、畫廊及各式華麗的房間，一共有將近200間。

新宮殿參觀重點：

宮殿前門(Fassade)、圓頂上的雕塑(Figuren aud der Kuppel，3位Nymphe(n)女神舉著金色的皇冠)、大理石廳(Marmorsaal)、2樓門廊(Oberes Vestibül)、2樓畫廊(Obere Galerie)、石窟廳(Grottensaal)、工作室(Arbeitszimmer，腓特烈大帝二世的私人工作室)。

公園內其他參觀重點：

Communs、夏洛騰霍夫宮(Schloss Charlottenhof)、羅馬浴池(Römische Bäder)、中國亭(Chinesisches Haus)、和平教堂(Friedenskirche)、蒸汽機房(Dampfmaschinenhaus)。

1.2.3.4.橘園／5.6.新宮／7.位於新宮後方的Communs

旅行小抄

無憂宮博物館套票Sanssouci

參觀無憂宮公園的博物館，可以考慮買博物館套票(全票19€/學生優惠票14€)。持票卡可以於當天參觀所有波茨坦市的宮殿，非常划算。票卡可以在網路上購買，也可以到了當地再於公園內有售票的地點購買。若諳英語或是德語，可以於購票時，告知要參加宮殿導覽(或是參加導覽，但租借語音導覽器)，服務人員會幫你預訂導覽時間。宮殿內要參觀導覽才能進去。

無憂宮博物館套票

187

1.宮殿前的小噴泉／2.英國新哥特式的風格建築／3.從格林尼克橋看巴貝爾貝格宮

巴貝爾貝格公園及宮殿
Park und Schloss Babelsberg

童話般城堡宮殿

✉ Park Babelsberg, Schlosspark Babelsberg｜📞03319694200｜🕐08:00～天黑｜🚌搭乘(柏林)S7至Babelsberg站下車後，轉搭巴士616至Schloss Babelsberg站下車｜⌛2～3小時｜http www.spsg.de/schloesser-gaerten/objekte/park-babelsberg｜❓宮殿近年進行維修，預計2020年才會對外開放(除了部分小廳會因文化活動表演不定期開放)｜🗺 P.179

在哈維河旁的小丘陵上，有著占地約124公頃的英式花園，這裡是由景觀建築師彼得‧約瑟夫‧列內(Peter Joseph Lenné)規畫以及漂克勒侯爵(Fürst Pückler)設計，一同為普魯士王子威廉所打造的夢幻般的庭園。公園東北側有座格林尼克湖，與柏林尼格宮殿及橋相望，從西側望去，則是可以看得到Tiefer See與湖對岸的波茨坦市。公園中精心規畫的步道、湖泊及園藝景觀，再加上兩大湖景，放眼望去，無處不像是一幅畫。參觀公園的方式，可以根據自己想要看的參觀重點，沿著步道上的指標方向走。

在公園的東北區，座落著由申克爾建造的巴貝爾貝格宮殿(1834～1849)，這是公園內的第一座宮殿，為英國新哥特式的風格建築。城堡一開始只有一間小屋，是威廉王子的夏日行宮。隨著威廉王子身

分地位的提升，城堡也陸續地由其他建築師擴建，增加了尖拱形窗戶以及炮塔。該區在19世紀中的普魯士政治及社會面上扮演著重要的角色。這裡是繼忘憂宮公園以及新公園之後，最值得讓遊客花上一天的時間漫步及欣賞宮殿花園的好地方。

參觀重點：
1.巴貝爾貝格宮 (Schloss Babelsberg)
2.小宮殿 (Kleines Schloss)
3.蒸汽機房 (Dampfmaschinenhaus)
4.Flatowturm
5.Gerichtslaube

旅行小抄

順遊巴貝爾電影公園

　1912年，德國的第一部電影就是在巴貝爾貝格電影公園(Filmpark Babelsberg)誕生的。在東德時期，這裡是德國電影股份公司(DEFA，1946～1992)的總部。今日電影公園裡的攝影機台仍一如往常的開機，並且提供許多娛樂設備、主題活動及特技表演與遊客同樂。
✉Großbeerenstraße 200, 14482 Potsdam

薩克羅公園及宮殿
Park und Schloss Sacrow
義大利風格式救世主教堂

✉ Park Sacrow, Krampnitzer Straße 34, 14469 Potsdam │ ☎ 03319694200 │ ⓒ (公園)全年開放08:00至天黑 │ ➡ 搭乘巴士697至Schloss Sacrow站下車即達 │ ⌛ 1~2小時 │ 🌐 www.spsg.de/schloesser-gaerten/objekt/schloss-sacrow │ MAP P.179

宮殿於1773年建成，1840年時國王腓特烈威廉四世買下這座莊園，並且由彼得·約瑟夫·列內(Peter Joseph Lenné)職掌皇室公園的景觀設計重整。1844年國王親自設計義大利風格設計的教堂——救世主教堂(Heilandskirche)。教堂位於Sacrow港口南端，距離宮殿約數分鐘的路程。以教堂為中心，向東北方可以看到孔雀島，東南方可以和Glienick相望，西南方則是新公園。

參觀重點：

1.**薩克羅宮(Schloss Sacrow)**：簡樸大方的薩克羅宮平時對外開放，不定時會舉辦活動和展覽。

2.**救世主教堂(Heilandskirche)**：薩克羅港的羅馬式教堂，教堂前方有一座20多公尺的獨立式鐘樓，鐘樓面鑲嵌的瓷磚圖案和教堂的建築牆面一氣呵成。

1.薩克羅宮 / 2.救世主教堂側廊 / 3.救世主教堂為一羅馬式教堂

旅行小抄

普魯士宮殿大規模修繕計畫

在德國參觀宮殿或是博物館，時常會遇到館內進行整修而無法進入，行前最好先上該博物館的網站確認。通常博物館整修，仍會有部分展廳開放；若是宮殿進行整修，公園還是可以進入拍拍照。

「波茨坦暨柏林的宮殿及公園」近年來進行大規模的宮殿公園修復工作，在參觀前可以上網站查看相關資訊。

✉ www.spsg.de/schloesser-garten/masterplan/sanierungsprojekte

柏林
住宿情報
Accommodations

身為歐洲的首都，柏林住宿選擇的多樣性自然不在話下，從五星級飯店至沙發衝浪，
從豪華單人房到多人房間宿舍，這裡迎接來自世界各地不同住宿需求的旅客。
目前在柏林很受歡迎的時尚公寓式飯店(Apartment-Hotel/Aparthotel)更兼顧了
在外旅行時仍保有居家舒適度。
本篇章將帶你了解柏林住宿基本資訊，以及各地區不同住宿的選擇。
最後，比較各區住宿之優缺點，並提供當地旅遊住宿實用網站資訊。

柏林住宿

柏林市區擁有便捷的大眾運輸交通工具，因此使得住宿地點的重要性顯得相對較低。在米特區的菩提樹下大街有許多豪華或是較高檔的飯店。在亞歷山大廣場、普倫茲勞斯區或是十字山區則可以找到較具有特色的Hostel或是公寓式飯店等。若是想遠離市中心的喧囂，在郊區則可以找到私營的膳宿公寓。

住宿價位及訂房方式

相較於巴黎和倫敦這兩個國際大都市，柏林的住宿費用可說是非常地親民。許多Hostel的費用都落在10～25€左右，飯店的費用則視等級而有較大的落差。公寓式飯店及連鎖型的飯店價格較相近，會落在90～150€左右。

基本上，所有的飯店都接受房客直接訂房(網路、Email或電話，直接與飯店訂房，不會被其他訂房平台收取服務費)；但若是在不同的訂房網站平台，同一家飯店可能會出現不同的價格(若有特別合作，有些價格是較好的)。

需要注意的是，若是在大型節慶活動期間到柏林，價格通常會貴出許多，除了一定要付訂金之外，大部分的飯店或是青年旅宿都不接受取消房間；在淡季時，部分豪華飯店相對也會提出許多誘人的優惠房價，提升飯店入住率。

裝潢、設備及網路

柏林飯店的房間設備及裝潢普遍都算齊全，部分歷史較悠久的飯店內部仍會保有復古的設計風格。公寓式酒店保留柏林居家式的公寓建築結構，業主將內部打造成飯店的套房或是家庭房的模式去經營(但不一定會有櫃檯接待人員)。套房內的設計都非常有時尚感，中高等的家具及設備，也有廚房，很適合連續待上一星期的行程(可以自備早、晚餐)或是親子家庭客。

Hostel的住宿需要注意的是有些會和酒吧、餐廳做複合式的經營，雖然住宿價格都較便宜，但是夜晚時酒吧的音樂、吵雜聲以及住宿房友在夜晚時活動的聲音則是不可避免，不適合注重睡眠品質或是個人隱私的旅客。部分的住宿沒有提供冷氣，不過柏林夏日的夜晚算是涼爽，只要開窗保持通風，則不至於熱到難以入眠。部分飯店僅提供大廳免費上網，Hostel或是公寓式飯店都要向櫃檯詢問W-Lan的密碼。私人型的膳宿公寓，則不一定會提供W-Lan(部分屋主考量德國嚴格的網路使用規定，如禁止非法下載等行為)。訂房前建議詢問清楚。

The Westin Grand大飯店

歐洲知名連鎖青年旅館St. Christopher's Berlin結合酒吧、餐廳及住宿

米特區

柏林最傳奇的酒店

阿德隆凱賓斯基酒店
Hotel Adlon Kempinski Berlin

✉ Unter den Linden 77, Berlin 10117 | ☎ 03022 610 | 💲 240€起
🌐 www.kempinski.com

1907年即開業的阿德隆酒店，在20世紀初接待過無數國際名人，是當時最著名的酒店之

一。今日已成為凱賓斯基酒店的連鎖酒店，繼續為柏林沿續著世界頂級酒店的頭銜。同時也是布蘭登廣場前的重要景點之一。

1.Executive Suite / **2.**大廳及大象噴泉 / **3.**餐廳可以直接看到布蘭登堡門 / **4.**飯店外一景 (以上圖片提供 / © Hotel Adlon Kempinski Berlin)

新科恩區

德國最大的飯店

柏林埃斯特酒店
Estrel Berlin

✉ Sonnenallee 225, Berlin 12057 | ☎ 03068310
| 💲 18～90€ | 🌐 www.estrel.com

擁有1125間客房，鄰近Treptower Park，屬於私人經營的飯店，是連續多年得獎的頂級飯店及商務會議中心，非常適合出差洽公的商務人士。

1.Estrel飯店中庭 / **2.**雙人房deluxezimmer (以上圖片提供 / © Estrel Berlin/vision photos)

總火車站、米特區、亞歷山大廣場、東邊畫廊、蒂爾加滕

平價複合式飯店

MEININGER Hotel

✉ Am Postbahnhof 4(東邊畫廊), 10243 | ☎ 030 31879767 | 💲 20～200€
🌐 www.meininger-hotels.com

MEININGER Hotel在柏林一共有5家分店。地點都在重要景點附近，商業化複合式的經營，提供背包客、商務人士甚至家庭式的房間，櫃檯通常會結合酒吧以及提供多樣的娛樂設施，適合喜歡活潑氣氛、社交活躍的旅人。

公寓飯店

米特區、十字山區

建築設計美學新體驗

Miniloft Apartment-Hotel

✉ Hessische Str, 5(米特區), 10115 Berlin | ☎ 03 08471090 | 💲 150～350€
🌐 www.miniloft.com

想要體驗建築美學及時尚室內設計風的住宿，得過許多建築設計獎的Miniloft是最佳的選擇，適合3～6人的小團體同租一間公寓，同時享受居家般的樂趣，又有自己的房間可以休息。

1.3. Miniloft飯店外觀 / **2.**體驗在旅行中仍有居家般的舒適住宿(圖片提供 / © miniloft)

米特區、普倫茨勞貝格、亞歷山大廣場

柏林時尚居家新體驗

舍恩公寓樓
Schoenhouse Apartment-Hotel

✉ Hessische Str. 5(米特區), 10115 Berlin | ☎ 03 08471090 | 💲 150～350€
🌐 www.miniloft.com

Schoenhouse Apartment-Hotel

舍恩公寓提供旅人同時享有時尚及居家的舒適感(附廚房、陽台)，適合1～8人同租一間公寓。舍恩公寓旗下還有Schoenhause Studios(Prenzlauer Allee 241，適合1～2人或是商務人士)以及Schoenhouse Living(Ghausseestrasse 85，適合1～6人，附有廚房、洗衣機)。部分附有早餐，是時下很受歡迎的住宿選擇。

米特區、普倫茨勞貝格、哈克雪庭院、亞歷山大廣場

交通位置方便

袋熊的城市旅館
Wombat's City Hostel Berlin

✉ Alte Schönhauserstr. 2, 10119 Berlin | ☎ 030 84710820 | $ 25～120€
http www.wombats-hostel.com/berlin

評價很好的連鎖青年旅館，除了一般的多人房之外，也提供雙人(雙床)房。房間乾淨、寬敞，地點就在離地鐵捷運不到3分鐘的路程，非常方便。頂樓附設的酒吧及陽台，是旅行時結交新朋友的好地方。

1.2.旅館內的多人房，附有大型的置物櫃，可以將小行李箱放入

1

2

亞歷山大廣場、博物館島

歐洲年輕旅人的選擇

柏林聖克里斯多夫
St. Christopher's Berlin

✉ Rosa-Luxembrug-Straße 41, 10178 Berlin | ☎ 03081453960 | $ 15～50€
http www.st-christophers.co.uk

結合兩層樓的酒吧及戶外座位區，低廉的住宿費，提供免費的早餐。夏季時，來自世界各地及當地人都會聚集在這裡看球賽，適合喜歡熱鬧及多樣夜生活的旅人。

4人女生房

普倫勞茲貝格區

柏林傳統公寓住宿環境

Alcatraz Backpacker Hostel Berlin

✉ Schönhauser Allee 133a, 10437 Berlin | ☎ 03 048496815 | $ 18～90€
http www.alcatraz-backpacker.de

位於地鐵站Eberswalder Str.及(S+U)Schönhauser Allee兩站之間，旅館外亦有街車站牌，交通非常方便。房間維持原本舊式建築物的結構，雖然因在地鐵站旁(本站地鐵走高架橋)夜晚時會有點吵，但整體環境來說相當舒適，有公共空間及廚房。

旅館外紫色大門，以及後方亭院

特色住宿

夏洛滕堡區

前衛新穎的住宿選擇

柏林比基尼25小時
25hours Hotel Bikini Berlin

✉ Budapester Str. 40, 10787 Berlin | ☎ 030120 2210 | 💲125～250€
🔗 www.25hours-berlin.com

　　飯店位於柏林西區，鄰近庫達姆大街、蒂爾加勝公園以及動物園。有著與亞歷山大廣場區不同氣氛的住宿。

飯店位於Bikini Berlin購物中心一旁(圖為購物中心)

新穎的建築設計、不同主題的房間，還有絕佳的西柏林視野，適合喜歡嘗鮮的旅人入住。

夏洛騰堡區

柏林西區四星級酒店

Goodman's Living Apartments

✉ Wilmersdorfer Str. 36, 10585 Berlin | ☎ 0303 974410 | 💲90～120€
🔗 www.goodmans-living.de

　　位於西柏林四星級的酒店，在官網上直接可以看到房價在其他訂房平台上的資訊，不過官網提供的價格最優惠。典雅而精緻的房間，是許多旅人的最愛。除了鄰近購物商圈之外，距離郊區如施潘道或是萬湖也都不遠。

腓特烈斯海因─十字山區

極簡藝術風格之住宿新體驗

米赫爾柏格飯店
Michelberger Hotel

✉ Warschauer Str. 39-40, 10243 Berlin | ☎ 030 29778590 | 💲95～250€
🔗 www.michelbergerhotel.com

　　由創辦人Tom Michelberger與團隊打造的米赫爾柏格飯店，從裡到外充滿了獨特的藝術風格。這是一間不斷在變化的飯店，任何一個角落都充滿無限的可能。飯店、酒吧整體設計及其美食之出色，曾有許多報章雜誌採訪。

1.寬敞舒適，亦充滿的美學概念的大廳 (圖片提供／© Michelberger Hotel)／**2.**房間內一景 (以上圖片提供／©Philipp Obkircher)

膳宿公寓

夏洛滕堡區

寧靜的住宿環境
City Pension Berlin

✉ Stuttgarter Pl. 9, 10627 Berlin | ☎ 0303277-410 | 💲 40～80€ | http www.city-pension.de

　　膳宿公寓基本上經營方式較接近家庭式，房間數量有限，裝潢較簡單，然而卻可以享受到悠閒的柏林生活步調。地點在柏林西區，亦是適合遠離市中心景點的行程。入宿前，需先確認提供的餐點(全日或是半日)，以及一定要再三確認是否提供房客網路服務。

夏洛滕堡區

古典建築式膳宿公寓
Hotel-Pension Funk

✉ Fasanenstraße 69, 10719 Berlin | ☎ 0308827193 | 💲 50～111€ | http www.hotel-pensionfunk.de

　　擁有60年歷史的古典建築式膳宿公寓，每間房間有各自的藝術風格，傳統的老家具襯托出淡淡的浪漫風格，是許多文人到柏林下榻時的選擇。飯店受到lonely planet、tripadvisor以及HRS等評價優等的獎項，誠信、穩定的房價以及友善的中文服務，提供旅人安全及安心的住宿。

青年之家

萬湖區

學生、背包客的選擇
Jugendherberge Berlin am Wannsee

✉ Badeweg 1, 14129 Berlin | ☎ 03080322034 | 💲 23～80€ | http www.jh-wannsee.de

　　柏林萬湖區的青年之家整體環境乾淨，地點較靠近柏林西南區的郊外，適合想將波茨坦附近景點列為主要行程的旅人。青年之家的好處是，可以提供許多當地郊區的戶外活動；然而這裡亦常會有德國當地的學生團體入住，可能會較吵雜或是無法擁有較好的住宿環境品質。

沙發衝浪

http www.airbnb.de
http www.couchsurfing.com/places/europe/germany/berlin

　　在柏林的Airbnb及沙發衝浪受到許多新世代的背包客喜愛，住所地點的交通便利性以及個人隱私安全性都是最大的考量點。大部分的住所地點都是住宅區，下了巴士或地鐵，有時需要走上一段路才找得到。事先亦需和屋主聯繫好拿鑰匙的時間或是要確認是否有人在家。沙發衝浪適合較沒有行程時間上壓力並且喜歡交朋友的人。

柏林各區住宿考量比較

	優	缺
米特區	市中心，離各景點近，購物、博物館等景點步行即達。高級飯店集中於該區，娛樂生活機能強。	市中心步調較緊湊，觀光客很多，消費較高。部分廉價Hostel住宿品質不一。
普倫茲勞爾貝格	環境優、乾淨，許多巷弄小咖啡館及餐廳。近柏林圍牆歷史景點。	晚上較少娛樂活動，離西南區的景點較遠。
十字山區及新科恩區	年輕、充滿藝術文化氣息的區域。平價生活消費。	較多外來移民，非景點集中區，街區較為髒亂。
夏洛騰堡區或西區	適合名牌購物行程，國際時尚大街體驗。部分街區可以找到特色酒吧、咖啡館及餐廳。普魯士建築風情，鄰近波茨坦。	除了夏洛騰堡宮，較多的歷史景點仍在柏林東區。要考量每日的交通。
其他郊區	住宿非現代連鎖企業，可以安靜地享受柏林的大自然，貼近柏林人的生活。	遠離市中心，交通較不便利，晚上娛樂活動少。

(製表／時小梅)

旅行小抄

柏林住宿實用網站

　　目前旅遊住宿訂房網站多到不勝枚舉。除了Booking.com(www.booking.com)、trivago(www.trivago.com.tw)以及Expedia智遊網(www.expedia.com.tw)之外，若是諳英文或德文，也可以到以下幾個網站，看看是否有自己喜歡的飯店。

ADAC	www.adacreisen.de/hotels-unter-kunfte/hotel	全德汽車俱樂部，德國最大的交通協會，提供最專業的旅行住宿資訊。
Boutique Hotels Berlin	www.boutiquehotels-berlin.com	提供超過20家嚴選精品酒店(設計、時尚)。
Berlin30	www.berlin30.com	提供平價住宿選項為主。
Lonely Planet	lonelyplanet.com/germany/berlin/hotels	網站資訊較簡潔，提供柏林優質住宿。
Visit Berlin	www.visitberlin.de	柏林官方旅遊資訊網站。進入首頁後點選「Hotels & Reiseangebote」。

(製表／時小梅)

TRAVEL INFORMATION
實用資訊

Travel in Berlin

柏林旅遊黃頁簿

遊客在行程上所需要的所有資訊盡皆囊括其中，讓行程規畫得更為完整，確保旅遊的平安與舒適。

前 往 與 抵 達
DEPARTURE & ARRIVAL

簽證

德國屬於申根國家之一，2011年1月11日起，只要是以旅遊觀光或是商務出差目的至德國(180天之內不超過90日)，即可免簽證到德國。然而所有申根國家的旅遊天數是一起計算的，因此在規畫柏林行程時，要確認自己是否在短期內已去過其他申根國家，或是即將去其他申根國家，以確保自己仍在免申根簽證期間內停留在柏林。(可上網查詢「申根短期停留天數計算機」Schengen Short Stay Calculator)

航空公司

中華航空台北桃園直飛法蘭克福的班機是目前最受歡迎的選擇。班機於台灣時間23:15起飛，隔日06:50抵達法蘭克福，大約13～14小時的飛行時數。再從法蘭克福轉搭其他交通工具到柏林。

土耳其航空(Turkish Airline)提供班次22:10從台北桃園起飛，06:00於土耳其伊斯坦堡阿塔圖克國際機場轉機，再到德國。可以選擇到柏林或是法蘭克福(或是慕尼黑其他德國大城市)，雖然飛行時間較長，但可以直接抵達柏林(泰戈爾機場)，轉機時可以在阿塔圖克國際機場盡情的享受免稅購物。漢沙航空亦有航班到柏林，大部分的班次都需要轉機兩次(以上班時飛行時間以各官網最新公告為主)。

1.土耳其航空轉機一次即可到柏林泰格爾機場 / 2.機場內的漢沙航空櫃檯

出入境資訊

入境德國雖然不需要簽證,但是入境時該準備的文件不可少。以下文件需要在旅行前先備妥並隨身攜帶。

■本人持有之有效護照(離開申根國家當日,護照仍須至少3個月有效)
■旅館訂房紀錄及付款證明影本文件(或親友邀請函)
■旅遊行程表
■回程機票證明
■財力證明(至少足夠維持旅德其間之生活費)

攜帶物品需注意事項:

■隨身攜帶行李物品不得超過430€(約台幣15,000元左右)
■現金超過1萬歐元,應向海關申報。若無需申報,入境通關時可以選擇綠線區通關;需申報則至紅線區(菸、酒攜帶及其他詳細資訊:www.roc-taiwan.org /defra/post/195.html)

■ 搭乘長途汽車到柏林

若是從其他歐陸城市搭車到柏林,大部分都是在「柏林長途汽車總站」(ZOB, Zentraler Omnibusbahnhof Berlin)下車,少部分巴士會在「柏林動物園站」(Zoologischer Garten)下車。

a.柏林長途汽車總站(ZOB, Zentraler Omnibusbahnhof Berlin)

地理位置靠近柏林國際展覽中心(Messegelände)及柏林無線電塔(Funkturm)附近。鄰近的 S-Bahn站名為 Messe Nord/ ICC(共有S41/ S42/S46線經過,需要步行約10分鐘才會

在歐洲搭乘巴士旅行非常地普遍,在德國的Flixbus在全國各大小城市停靠站點很多,車內環境及座位都還不錯

走到),U-Bahn站名為Kaiserdamm(U2),都可以再轉車至市中心。

b.柏林動物園站(Zoologischer Garten)

該站位於夏洛滕堡區,在柏林動物園旁。S-Bahn、U-Bahn及巴士都交會在這裡,轉車相當方便。

■ 搭乘火車到柏林

柏林火車總站(Berlin Hauptbahnhof)一共是五層樓的建築,若是從法蘭克福或是其他城市搭車抵達柏林,南北向火車在停靠在最低層(共兩層)、東西向火車和S-Bahn停靠在上面三層。總站只有和地鐵U55線交會,要轉搭地鐵通往市中心,則需要從U55線轉其他線。

柏林總火車站轉車時,只要跟著指示牌走就可以輕鬆的找到要去的月台

機 場 與 交 通
TRANSPORTATION

機場

　　柏林目前一共有兩座機場，地理位置正好為西北(泰格爾機場Flughafen Berlin Tegel, TXL)，東南(舍納費爾德機場 Flughafen Berlin-Schönefeld, SXF)。

　　柏林泰格爾機場位於柏林的西北方，在賴尼肯多夫區的泰格爾區。和其他國際首都的機場相比，六邊形空心航站大樓設計的泰格爾機場，讓旅客在機場可以快速找到自己搭乘飛機的航廈。在機場的A航站1號登機口設置有柏林旅客服務諮詢中心。可以購買柏林歡迎卡、交通票卡，及索取旅遊相關資訊。

　　舍納費爾德機場的航空公司都比較小眾或是亞洲以外的航線。

1.舍納費爾德機場／**2.**柏林泰格爾機場

機場聯外交通

　　泰格爾機場離柏林市中心大約8公里，由於機場沒有通勤電車S-Bahn經過，抵達市中心的方式就是搭巴士。出了機場之後，可以看到現場的「Airport-City Routes 1～4」的標示牌。根據自己下榻的住宿地區，選擇正確的路線，即可輕鬆的前往市中心。

BVG的「Airport-City Routes 1～4」
往柏林東區：
Route 1. 巴士128線：到亞歷山大廣場(Alexanderplatz)，之後步行可搭地鐵U8或S-Bahn轉車，鄰近所有觀光景點。
Route 2. 巴士TXL線：到柏林總火車站(Berlin Hauptbahnhof)，可轉搭所有往市區或柏林其他城市。

往柏林西區：
Route 3. 巴士X9線：到柏林動物園，可轉搭長程及市區巴士，及其他交通工具，鄰近康德大街、Kurfürsterdamm購物街。
Route 4. 巴士109線：到夏洛騰堡區，可轉搭S-Bahn。

機場外方清楚的指示通往市區的巴士路線方向

租車自駕

想要在柏林租車旅遊，可以先上www.happycar.de網站。(www.happycar.de/miet-wagen-flughafen-berlin-tegel)，或是智遊網也有柏林自駕遊租車推薦。但是在柏林開車旅行走景點不一定方便，同時找停車位也是一件麻煩事。建議還是選擇大眾交通工具代步，畢竟景點集中的地方，步行就可以到了。到郊外也有通勤電車或是區域火車。

柏林市區交通

BVG營運公司 (Berliner Verkehrsbetrie-be，www.bvg.de) 負責大柏林區內的U-Bahn、Tram(Straßenbahn)及Bus的營運。柏林市區交通非常發達，幾乎所有的景點都一定會有站點可以抵達。市區主要被分為A、B、C3區，在地鐵圖上可以看到3個不同深淺的灰色做區分。大部分的景點都集中在AB區內，如果行程有排到波茨坦(Potsdam)或是Schönefeld SXF機場，則需要買到ABC 3區。最新的票價及搭乘方式可上網查看。

http www.laibolin.com/berlin-tour.php?inid=619

柏林生活
CONVERSATION

德語實用字彙及會話

和德國其他小城小鎮不同，在首都柏林旅行以英語溝通基本沒有問題。大部分的景點、消費場所、餐廳的服務人員都會說英語(巴士司機則不一定，所以車票最好還是先準備好)，不過若是能夠說上幾個單字或幾句會話，那麼一定更能夠深入當地的人文風情。

■生活用語

Guten Morgen. 早安。

Guten Tag. 日安。

Guten Abend. 晚上好。

Hallo. 哈囉。

Wie geht es Ihnen/dir？您/你好嗎？

Danke, sehr gut. / Prima! / Es geht. / Nicht so gut! 謝謝，很好。/非常好！/ 還行。/ 不是很好！

Ich heiße_____. 我叫_____。

Dankeschön. 謝謝。

Bitteschön. 不客氣、請、沒關係

Entschuldigung. Darf ich mal durch? 不好意思，請借過一下。

Kassenbon? / Kassenzettel? / Beleg? 需要收據嗎？

Nein, danke. 不，謝謝。

Ja, bitte. 好的。

Kein Problem. 沒問題。

Nichts passiert. 沒事。

Das ist kein Ding. 沒什麼事。(不用擔心)

Machs gut! / Pass auf dich auf. 保重 / 好好照顧自己。

Bis bald. /Bis später. 再見後會有期。(不確定何時再見，可以指短時間或長時間。)

Bis gleich. 到時候見。

Tschüss! 掰！

Auf Wiedersehen. 再見。

Können Sie mir bitte helfen? 您可以幫助我嗎？

Ich finde den weg nicht. 我迷路了。

Ich habe mich geirrt. 我弄錯了。

Wo ist die Toilette? 洗手間在哪裡？

Wo finde ich das Bode Museum? 我要怎麼去博德博物館？

Ich spreche kein Deutsch. 我不會說德語。

Sprechen Sie Englisch? 您會說英語嗎？

Einmal den Einzelfahrschein / die Kurzstrecke, bitte. 請給我一張單程車票 / 短程車票。

Ich bräuchte noch eine Tageskarte. 我還需要一張日票。

■消費用餐

Ich möchte bezahlen. / Zahlen, bitte. 我想要結帳。請結帳。

Zusammen. / Getrennt. 一起。/ 分開。

Mit Karte, bitte. / In bar. 用信用卡付。/ 用現金付。

Stimmt so. / Passt schon. / Alles gut. (結帳時，給小費時說，通常指服務員可以將要找的零錢留下當小費。)

餐廳飲食禮儀

　　柏林餐廳用餐禮儀和大部分的歐洲城市大同小異。基本上，只要著合宜的服裝，不要太隨便即可。進入餐廳，較正式或是生意較好的會有服務生帶位，這時只要和服務生說用餐人數即可；無帶位的餐廳可以自己找位置先入座，並在座位上等服務生來。點餐時，可以先點飲料(禮貌上都要點一杯飲料)然後再點主餐或單點要吃的項目。

　　餐廳不附水，但是可以詢問是否提供自來水(Leitungswasser)。結帳時，只要在座位上和服務生打個招呼(可先告知要用信用卡還是現金)，他們會帶收據過來。服務生身上都會有收銀錢包，會在座位上直接找零錢或是刷卡。通常都會直接在付款時給小費給服務生，做為他們親切服務的回饋。

商店休息日

　　柏林的百貨公司、街上店家、藥妝店及超市等其他店家，星期日都不營業。除了餐廳、麵包店、總火車站(Hauptbahnhof)站內的店家在星期日營業(麵包店會比平常日早打烊)。平日的營業時間大部分至20點。週六則是會較晚營業或提早休息。建議在週末上街前，先上網查詢目的地的營業時間(上網輸入店家名稱，接著打Öffnungzeiten，就會看到營業時間了)。

超市介紹

EDEKA、REWE、ALDI或是LIDL都是德國的大型連鎖超市，在這些超市都可以買到新鮮蔬果、飲料、零食、啤酒或是日常生活用品等民生必需品。藥妝店dm、ROSSMANN提供價廉物美的護膚保養及美容用品。

購物需知

在德國購物，於提供免稅的商店(Tax Refund／Tax Free)單次消費25€以上，即可以向店家索取免稅單(出示護照及確認自己符合退稅條件，一般短期旅遊的觀光客都可以申請退稅)。

旅遊免費實用APP

(Android, Google Play Store)

認識柏林的歷史、文化、當地風情：
■ABOUT BERLIN
■Going Local Berlin
■Berlin Reiseführer
■Stadtführer Berlin
■Stadtführer Berlin + Reiseführer Berlin Panorama
■Die Berliner Mauer

柏林大眾運輸：
■BVG FahrInfo Plus
■Bus & Bahn (VBB)
■Liniennetze Berlin
■TAXI Berlin

藝文活動快報
Art and Events

■ 實用藝文活動訊息及相關網站

有人說，整個柏林就是藝術，或是說，在柏林生活就是一場藝術。柏林豐富的夜生活不只來自於酒吧、鐵克諾電子樂，更是夜幕低垂時，柏林各個劇場舞台布幕升起的時刻、各個電影院準備熱騰騰爆米花，迎接著各式各樣的電影迷的時刻。

參與藝文活動，是柏林人生活的重心之一。舞台劇、古典音樂、爵士或是世界音樂等，都是柏林重要的藝術元素。彷彿黃金的20年代，每晚都在柏林登場演出。想要在旅行中暫時遠離觀光客，感受柏林人真實的生活，只要一張藝文活動的入場券，就可以看到這個城市的另外一面了。

不同區域有不同的藝術文化重心，比如在米特區、夏洛滕堡區有著許多古典樂及歌劇，波茨坦廣場集中了許多數位複合式電影院以及主題電影院。穀倉區主要是聯合性的藝文演出(舞蹈、雜技、音樂)、喜劇，充滿年輕的藝術創作家的十字區新科恩區，則有著許多現場音樂表演及另類電影院。腓特烈斯海區則是以現場音樂、露天電影院而受到年輕人的歡迎。

想要在柏林看一場歌舞劇或是聽演唱會，收集好資訊以及出發前預訂門票是非常重要的，尤其像柏林音樂廳或是市立歌劇院等世界級的演出場所，吸引的除了當地人，還有來自世界各地的觀光客。

■藝文活動介紹網站

1. **Gratis in Berlin (www.gratis-in-berlin.de)**：提供免費藝文活動資訊。
2. **Berlin Bühnen (www.berlin-buehnen.de)**：歌劇、舞台劇、舞蹈活動表演。
3. **Tip (www.tip-berlin.de)**：老牌雜誌網站，專門介紹藝文活動。

■藝文活動購票網站

1. **Hekticket (www.hekticket.de)**：可以購買到許多半價的票。
2. **Interklassik(www.interklassik.net)**：音樂會及藝文門票販售網站。
3. **Koka36 (www.koka36.de)**：音樂會門票(多屬獨立創作的搖滾流行樂團或演出)。
4. **Kulturkaufhaus Dussmann (www.kulturkaufhaus.de)**：各式文化活動表演、古典樂。
5. **Eventim (www.eventim.de)**：流行音樂、藝文及體育賽事票券。

大部分的網站都接受線上刷卡，可以在網站上先付款。付款後，確認好購票及付款紀錄，最好再寫信至服務信箱確認相關事宜。除非可以線上列印門票，否則最好在活動當日提前至少半小時至活動場所的售票處取票。

日常生活資訊
Living Information

柏林氣溫、雨量表

月分	1月	2月	3月	4月	5月	6月
月均溫	1.64	2.36	5.47	10.82	15.27	16.36
月均雨量	63.2	42.0	44.5	26.6	81.5	79.8

7月	8月	9月	10月	11月	12月
20.67	15.47	14.33	10.19	6.15	3.26
105.6	64.8	42.5	45.4	44.4	55.3

時差

柏林時區為UTC+1(台灣UTC+8，差7小時)，雖然目前夏日時令是否要取消的話題炒的沸沸揚揚的，但是目前仍維持在3月的最後一個星期日，要將時間撥快1小時(變成UTC+2，和台灣差6小時)。若未來夏日時令取消，則柏林(整個德國)全年都是UTC+1。

電壓、貨幣匯率

柏林電壓為230伏特，插頭形狀為圓頭2針狀插腳。一般飯店都會有附吹風機(青年旅館則無)。

行動電話

若是在柏林使用台灣的電話卡，出國前可以請電信業者開通國際漫遊服務。但是因為漫遊服務的費用高，加上現在網路普及，許多智慧型手機的通訊軟體可以說是取代了手機SIM卡漫遊的功能。

若是同時要在歐洲不同國家之間旅行，又擔心沒有網路，那麼準備一張歐洲的易  付卡是必要的，以確保自己隨時可以打電話。只要是歐洲可以用的GSM或是UMTS手機SIM卡(如Vodafon)，在柏林都可以使用。到了柏林後，可以至電信業者(Vodafon或是O2等)出示護照，即可購買預付卡，預付卡有10€、20€等的不同方案，有些會贈送1G的網路流量，購買時可以詢問。

使用歐洲預付卡(手機)撥打至柏林市話，區域號碼為：030 (波茨坦：0331)。

使用Skype撥打：國碼選+49，區域號碼的第一個零不用撥。

無線網路普及狀況

在大部分的DB國鐵火車站，都有30分鐘的免費上網(與Telekom合作)。搭乘地鐵(U-Bahn)也可以享有「BVG Wi-Fi」的免費網路。目前已有70多個地鐵站有網路，在月台收訊較好，列車行進中訊號會較弱或是無訊號。

台北駐柏林代表處

Taipeh Vertretung in der Bundesrepublik Deutschland

✉Markgrafenstrasse 35, 10117 Berlin Germany

📞030203610

📞緊急聯絡：+491713898257 (德國境內直撥713898257)

🕐平日09:00～12:30、14:00～17:00

行前準備

相較於歐洲其他國家或是德國其他城市，到柏林旅行幾乎可說是打包衣服後就可以出發了。各  類民生用品、日常用品或是美容保養品在dm或是ROSSMANN可以買得到，價格也很親民。行前只要準備好個人藥品、足夠的衣物，柏林之旅真的就可以說走就走。

緊急狀況聯絡

在柏林的緊急聯絡電話：

警察(Polizei)：110

火災(Feuerwehr)：112

信用卡、電話卡或是多功能卡(有交易功能)等遺失時，掛失、中止帳號專線：116

外交部「緊急聯絡中心」

「旅外國人急難救助全球免付費專線」00-800-0885-0885(當地申請之行動電話可免費撥打。公用電話市內電話(限德國電信公司所屬可免費撥打)。

公共廁所使用

在街上可以看到公共廁所，付0,50€方可使用，旅行時建議隨身攜帶零錢。大部分的公共廁所都算乾淨、安全。觀光景點如博物館或咖啡廳都有提供洗手間(火車站、地鐵內比較難找廁所)。

個 人 旅 行 *114*

柏林
附：柏林近郊與波茨坦市區

作　　　者	時小梅

總 編 輯	張芳玲
發想企劃	taiya旅遊研究室
編輯部主任	張焙宜
企劃編輯	林孟儒
主責編輯	翁湘惟
封面設計	何仙玲
美術設計	何仙玲
地圖繪製	何仙玲
美術指導	時小梅

太雅出版社
TEL：(02)2882-0755　FAX：(02)2882-1500
E-MAIL：taiya@morningstar.com.tw
郵政信箱：台北市郵政53-1291號信箱
太雅網址：http://taiya.morningstar.com.tw
購書網址：http://www.morningstar.com.tw
讀者專線：(04)2359-5819 分機230

出 版 者	太雅出版有限公司
	台北市11167劍潭路13號2樓
	行政院新聞局局版台業字第五〇〇四號

總 經 銷	知己圖書股份有限公司
	台北：台北市106辛亥路一段30號9樓
	TEL：(02)2367-2044／2367-2047　FAX：(02)2363-5741
	台中：台中市407工業30路1號
	TEL：(04)2359-5819　FAX：(04)2359-5493
	E-mail：service@morningstar.com.tw
	網路書店：http://www.morningstar.com.tw
	郵政劃撥：15060393 (知己圖書股份有限公司)

法律顧問	陳思成律師

印　　　刷	上好印刷股份有限公司　TEL：(04)2315-0280
裝　　　訂	大和精緻製訂股份有限公司　TEL：(04)2311-0221

初　　　版	西元2019年09月10日
定　　　價	360元

(本書如有破損或缺頁，退換書請寄至：台中市工業30路1號　太雅出版倉儲部收)

ISBN　978-986-336-341-5
Published by TAIYA Publishing Co.,Ltd.
Printed in Taiwan

國家圖書館出版品預行編目資料

柏林(附:柏林近郊與波茨坦市區) ／ 時小梅作.
— 初版. — 臺北市：太雅，2019.09
　面；　公分. —（個人旅行；114）
ISBN 978-986-336-341-5(平裝)
1.自助旅行 2.德國
743.9　　　　　　　　　　　108010413

參考書籍：
《ADAC Reiseführer Berlin (Sonderedition)：Potsdam mit Sanssouci》
Taschenbuch, Ulrike Krause, Verlag: ADAC Reiseführer, Vertried.
ISBN 9789356893223 (10. April 2017),
《Lonely Planet Reiseführer Berlin》
Taschenbuch, Andrea Schulte-Peevers, LONELY PLANET
DEUTSCHLAND;
ISBN 978-3829745314 Auflage 6 (4. Mai 2017)
《Berlin》
DK Dorlingkindersley Penguin Random House,
ISBN 9783734201349 (2017/2018)
《Berlin. Potsdam》
Gisela Buddée, Rainer Eisenschmid , Verlag：Karl Baedeker,
ISBN 9783829713481 (2013)
《柏林：歐洲灰姑娘的分裂與蛻變、叛逆與創新》The City After the
Wall, Peter Schneider，麥田出版社, ISBN 9789863441540
《德意志-一個國家的記憶》Neil MacGregor，左岸文化，ISBN
9789865727611

參考網站：
各景點、餐廳之官方網站
維基百科
Berlin.de：www.berlin.de
Visitberlin.de：www.visitberlin.de/de
來柏林：laibolin.com

編輯室：本書內容為作者實地採訪的資料，書本發行後，開放時間、服務內容、票價費用、商店餐廳營業狀況等，均有變動的可能，建議讀者多利用書中的網址查詢最新的資訊，也歡迎實地旅行或是當地居住的讀者，不吝提供最新資訊，以幫助我們下一次的增修。聯絡信箱：taiya@morningstar.com.tw

填線上回函，送 "好禮"

感謝你購買太雅旅遊書籍！填寫線上讀者回函，
好康多多，並可收到太雅電子報、新書及講座資訊。

好康1

每單數月抽10位，送珍藏版「祝福徽章」

方法：掃QR Code，填寫線上讀者回函，
就有機會獲得珍藏版祝福徽章一份。

好康2

填修訂情報，就送精選「好書一本」

方法：填寫線上讀者回函，並提供使用本
書後的修訂情報，經查證無誤，就送太雅
精選好書一本 (書單詳見回函網站)。

＊同時享有「好康1」的抽獎機會

柏林

https://reurl.cc/aQAVZ

＊「好康1」及「好康2」的獲獎名單，我們會
於每單數月的10日公布於太雅部落格與太
雅愛看書粉絲團。

＊活動內容請依回函網站爲準。太雅出版社保
留活動修改、變更、終止之權利。

太雅部落格 http://taiya.morningstar.com.tw

有行動力的旅行，從太雅出版社開始